AF187974

W Ott

Über die Schrift des hl. Augustinus - De magistro

W Ott

Über die Schrift des hl. Augustinus - De magistro

ISBN/EAN: 9783744617451

Hergestellt in Europa, USA, Kanada, Australien, Japan

Cover: Foto ©ninafisch / pixelio.de

Weitere Bücher finden Sie auf **www.hansebooks.com**

Ueber die

Schrift des hl. Augustinus:

De magistro.

Von Oberlehrer W. Ott.

Beilage zum Jahresbericht
der Königlichen Realschule in Hechingen
für das Schuljahr 1897/98.

Pr. Nr. 523.

Hechingen 1898.

Riblersche Hofbuchdruderei von Robert Kleinmaier

Ueber die Schrift des hl. Augustinus: De magistro.

Clemens von Alexandrien hatte in seinem „Pädagogen" Christus als den Lehrmeister aller Menschen dargestellt. Er hatte dabei weniger das Gebiet der Erkenntnis als das der Moral im Auge und wollte den Erlöser der Menschen als deren Erzieher zu christlicher Sitte und gutem Lebenswandel feiern, wie überhaupt die ältesten Kirchenlehrer in erster Linie das praktische Element betraten und das theoretische nur vorübergehend behandelten. Weil jedoch im Laufe der Jahrhunderte viele Streitigkeiten über die christlichen Glaubenswahrheiten ausbrachen, darum sahen sich die Lehrer der Kirche zu theoretischen Abhandlungen veranlaßt; die Dogmen mußten wissenschaftlich begründet werden: Christus bleibt das Vorbild aller Tugenden, aber er wird zugleich Gegenstand der Wissenschaft und Lehrer aller Wahrheit. Als bedeutendster Vertreter dieser Anschauung tritt uns der hl. Augustinus entgegen; in seiner Schrift De magistro sucht er den Beweis für die Zulässigkeit derselben zu liefern. Er knüpft an die Worte der hl. Schrift an, wo es heißt: „Lasset euch nicht Lehrer nennen, einer ist euer Lehrer, Christus". Matth. 23, 10. Nicht auf theologischem, sondern auf philosophischem Wege wird gezeigt, daß Christus allein der Urheber unserer Erkenntnis sei; kein Mensch sei imstande, uns über irgend eine Wahrheit zu belehren. Augustinus begründet seine Meinung mit Argumenten, die er den Schriften der Platoniker entnahm und es wird sich zeigen, daß nach dem Vorgange Augustins und der Platoniker in der Geschichte der Philosophie vielfach die Ansicht geltend gemacht worden ist, die menschliche Erkenntnis sei nur im Zusammenhang mit Gott oder mit Christus zu erklären. Darnach zerfällt unsere Abhandlung in drei Teile:

I. Kapitel:
Christus unser Lehrmeister nach der Schrift Augustins De magistro.

II. Kapitel:
Christus unser Lehrmeister nach dem ganzen philosophischen System Augustins.

III. Kapitel:
Die Ansicht Augustins im Zusammenhang der erkenntnistheoretischen Entwicklung.

I.

Augustinus verfaßte die Schrift De magistro in Form eines Gespräches, das er einige Jahre nach seiner Bekehrung mit seinem Sohne Adeodatus geführt haben will. In 14 Kapiteln sucht er Christus als den einzigen Lehrer zu erweisen. Wir geben den Gedankengang des Gespräches wieder, indem wir diejenigen Kapitel, welche Beweiskraft besitzen, ausführlich behandeln, während das Uebrige nur kurz angedeutet wird.

Zuerst wird als Zweck der Rede das Belehren und Ermahnen angegeben (docere et commonere). Der Bedeutung von commonere entsprechend, verbindet Augustinus mit der Vorstellung des Ermahnens auch die des Erinnerns: Wir wollen durch unsere Rede einen andern an schon Bekanntes erinnern. Sogar beim Gebete und beim Singen ist dies der Fall, denn hier erinnern wir uns selbst an bekannte Vorstellungen. Die Worte sind nämlich nur Zeichen für gedachte Dinge: Locutione nihil aliud agimus quam commonere, cum memoria, cui verba inhaerent, ea revolvendo facit venire in mentem res ipsas, quarum signa sunt verba. I. 2. Mit Hülfe des Gedankens, daß die Worte nur Zeichen seien, glaubt Augustinus seinen Zweck erreichen zu können. Er läßt den Satz, daß wir durch unsere Rede andere belehren wollen, der allgemeinen Anschauung gemäß vorläufig bestehen, zeigt aber an mehreren Beispielen, daß man durch Worte nur andere Worte klar machen könne; es sei unmöglich, durch die Rede den realen Inhalt der Worte aufzuzeigen (signa signis, eisdemque notissimis notissima exposuisse).

So wäre bewiesen, daß mit Worten niemand über eine Sache belehrt werden könne. Vielleicht aber kann dies auf andere Weise als durch Worte geschehen, so daß dennoch die Belehrung eines Menschen durch einen andern möglich wäre. Dieser Fall wird vorläufig zugegeben, weil man z. B. auf eine Wand aufmerksam machen kann mit einer Handbewegung. Dasselbe trifft zu bei allen Körpern und deren Eigenschaften, sofern sie mit dem Gesichtssinne wahrzunehmen sind. Wenn mich über solche jemand fragt, so kann ich ihn stets durch einen Gestus belehren. Ja, es ist sogar möglich, taube Menschen ohne Worte über alle möglichen Gegenstände zu belehren und vermittelst der Gesten, sich mit ihnen zu unterhalten. Auch die Schauspieler vermögen nicht nur über sichtbare, sondern auch über hörbare Dinge mit Gesten zu belehren.

Obwohl man dies zugeben müsse, so könne doch gesagt werden, daß ein Wort, an sich, nicht durch Handbewegungen, sondern nur durch andere Worte erklärt werden könne. Und selbst wenn Worte durch Handbewegungen erklärt werden könnten, so sei eben eine Handbewegung auch nur ein Zeichen; also auch in diesem Falle würde ein Zeichen (nämlich ein Wort) nur durch ein anderes Zeichen angedeutet. — So könne kein Ding, weder ein Körper noch ein Wort, ohne Zeichen erklärt werden. Höchstens bleibe noch übrig, daß man einem andern auf die Frage, was Reden sei, eben durch Reden Antwort geben könne, also in diesem Falle wäre es möglich, daß eine Sache durch sich selbst gezeigt werde. Vielleicht wäre auch noch zu erwähnen, daß man einem auf die Frage, was Umhergehen sei, dadurch antwortet, daß man vor ihm umhergeht; dies sei aber nur möglich, wenn man nicht bei der Frage schon umhergeht, andernfalls würde man uns nicht verstehen. So sei es mit allen Dingen, die man ausführen könne, wenn man über sie gefragt werde; alle könne man vormachen, wenn man nicht schon während der Frage damit beschäftigt sei. Daraus folgt der allgemeine Satz: Zeichen können mit Zeichen erklärt werden. Wenn wir aber über Dinge befragt werden, welche keine Zeichen sind, so machen wir dieselben vor, oder wir erklären sie durch Zeichen (wie im vorigen Falle).

Nach diesen Gesichtspunkten handelt Augustinus in den 6 folgenden Kapiteln über die Worte als Zeichen. Obgleich die Ausführungen sehr scharfsinnig zu nennen sind, so können wir denselben nicht folgen, weil sie keinen einzigen Gedanken mehr enthalten, der uns der Erkenntnis näher brächte, daß die Worte keine belehrende Kraft besitzen, daß also infolgedessen ein mit Worten unterrichtender Lehrer unmöglich sei. Erst im zehnten Kapitel wird dem Thema wieder näher getreten und zwar in einer Weise, daß das bisher Ausgeführte wertlos erscheint. Wenn es zuerst hieß, daß kein Ding ohne Zeichen gelehrt werden könne, wenn dann ferner zugestanden wurde, daß einige Dinge doch ohne Zeichen klar gemacht werden können, so werden wir jetzt erfahren, daß unzählige Dinge durch sich selbst zu erklären sind, daß die Anschauung der Dinge die beste Lehrmeisterin ist. Und endlich wird dann zu beweisen gesucht, daß überhaupt kein Ding mit Zeichen erklärt werden könne, die Anschauung allein gebe Erkenntnis, die Zeichen für die Dinge seien unverständlich, wenn man die Sache selbst nicht kenne.

Setzen wir den Fall, es wüßte einer nicht, worin der Vogelfang bestehe. Da sieht er einen Mann des Weges kommen, der mit allen Instrumenten ausgerüstet ist, welche zum Vogelsang notwendig sind. Der Vogeljäger entfaltet vor dem verwunderten Zuschauer seine Netze, seine Klebruten u. s. f. und ist so glücklich, einen Vogel zu erjagen. Jetzt wird dem Zuschauer klar geworden sein, worin der Vogelsang bestehe, ohne daß nur ein Wort davon gesprochen wurde, dies um so mehr, wenn der Zuschauer ein intelligenter Mann ist. Wie hier, so verhält es sich mit tausend andern Dingen, da sie ohne irgend welches Zeichen durch sich selbst klar gemacht werden können, oder da sie uns, den Anschauenden, von Gott und der Natur durch sich selbst gezeigt werden.

Bei näherer Untersuchung, so meint Augustinus, werden wir zuletzt gar nichts finden, was vermittelst eines Zeichens gelernt wird, alle Dinge werden nur durch Anschauung zum Bewußtsein gebracht und in unser Wissen eingeführt.*) Wenn uns nämlich ein Zeichen von einer Sache gegeben wird, von welcher wir noch keine Kenntnis haben, so hat das Zeichen keinen belehrenden Wert, wir erlangen durch ein unverstandenes Zeichen kein Wissen. Nehmen wir z. B. den Satz der hl. Schrift aus Daniel 3. 94, wo es heißt: Et sara-ballae eorum non sunt immutatae (und ihre Kopfbedeckungen wa= ren unversehrt). Augustinus versteht unter saraballae die Kopfbedeck= ungen der drei Jünglinge im Feuerofen, andere übersetzen das Wort mit „Beinkleider“. Werden unter dem Worte saraballae Kopfbedeckungen verstanden, so habe ich schon vorher gewußt, was ein Kopf und was eine Kopfbedeckung ist. Ich habe dieses Wissen früher durch eigene Anschauung erworben. Als mir aber jemand zum erstenmal das Wort Kopf vorsagte, kannte ich dessen Bedeutung ebenfalls nicht, ich mußte durch Anschauung dieselbe kennen lernen. Vielleicht hat mir jemand unter Anwendung einer Handbewegung Veranlassung zur Anschauung und damit zum Wissen gegeben. So ist es auch mit dem Wort saraballae. Bevor ich den durch dieses Wort be= zeichneten Gegenstand gesehen habe, vernehme ich nur den Klang der Buchstaben, aber ich erlange kein Wissen von saraballae. Daß dieses Wort ein Zeichen für eine Sache sei, erfahre ich erst, wenn ich die bezeichnete Sache selbst angeschaut habe. — So kann Augustinus die Behauptung aufstellen: Wir erlangen das Verständnis eines Zeichens erst dann, wenn wir die bezeichnete Sache schon kennen gelernt haben, nicht umgekehrt, daß wir etwa durch ein Zeichen ein Ding kennen lernten.

Wie schon angedeutet, unterscheidet Augustinus bei einem Worte zwischen dem Klang desselben und dessen Bedeutung. Die Worte sind Zeichen, zusammengesetzt aus Klang und Bezeichnung (sermo et significatio). Den Klang lernen wir kennen durch die Erschüt= terung unseres Ohres, die Bezeichnung wird uns klar durch Anschau= ung des Gegenstandes. So lernen wir durch ein Wort eigentlich nichts, nicht einmal daß es ein Zeichen sei, geschweige denn die be= zeichnete Sache selbst. Macht der Redende noch eine Handbewegung, während er das Wort ausspricht, oder fügt er hinzu: Siehe! so sind das nur Verstärkungen seiner Absicht, uns etwas zu zeigen, haben aber durchaus nichts Belehrendes an sich. Es müsse also wiederholt gesagt werden, durch die Worte lernen wir nichts (per verba nos nihil discere), vielmehr lernen wir die Bedeutung der Worte (vim verborum) durch Wahrnehmung der bezeichneten Sache selbst (re ipsa quae significatur cognita).

---

*) Falsum illud est, nihil esse omnino quae sine signis possit ostendi. Millia rerum animo occurrunt, quae nullo signo dato per se ipsa mon-strentur. Terra, maria quaeque in his gignuntur, nonne per se ipsa exhibet atque ostendit Deus et natura cernentibus?

Wenn man also jemand durch Handbewegung oder durch Zeichnung den Begriff von saraballae beibringt, so will ich nicht sagen, er habe mich nichts gelehrt, was ich leicht behaupten könnte, wenn ich noch etwas länger über die Sache mich verbreitete, aber ich darf sagen, er habe mich nichts durch Worte gelehrt. Wenn mir auf genannte Weise etwas vor Augen geführt wird, so glaube ich nicht den Worten desjenigen, der mich belehren will, sondern ich glaube meinen eigenen Augen. Vielleicht kann eingeräumt werden, daß ich durch die Worte des Sprechenden veranlaßt wurde, mir eine Anschauung zu verschaffen, aber mehr Bedeutung, mehr Einfluß auf mein Erkennen darf den Worten nicht beigemessen werden.

Dieser Gedanke wird in allen möglichen Formen vorgetragen, um den Beweis zu erbringen, daß den Worten kein belehrendes, sondern nur ein ermahnendes Element innewohnt (admonent tantum ut quaeramus res, non exhibent ut noverimus). Nicht einer der vor mir redet, ist mein Lehrer, sondern derjenige, welcher das, was ich kennen lernen will, entweder meinen Augen, oder einem andern körperlichen Sinn, oder dem Geiste selber vorstellt.*) Mit vollem Recht kann nämlich gesagt werden: Entweder wissen wir dasjenige schon, was in den Worten enthalten ist, oder wir wissen es nicht. Wissen wir es schon, so haben wir durch die gehörten Worte sicher nichts gelernt, sondern wurden höchstens an Bekanntes erinnert. Wissen wir aber nicht, was die Worte bedeuten, so haben wir nichts gelernt und wurden an nichts erinnert; vielleicht wurden wir durch die Rede zum Suchen ermahnt.

So stehe also fest, daß durch das Wort saraballae erst dann eine Belehrung stattfinden kann, wenn wir den Begriff des Wortes durch Anschauung kennen gelernt haben, ja, bevor dies geschehen ist, wissen wir nicht einmal, ob saraballae etwas oder nichts bedeute. Wie aber verhält es sich mit dem andern Inhalt der Erzählung von den drei Jünglingen im Feuerofen. Wenn wir durch das Wort saraballae nichts gelernt haben, ist dies auch mit den andern Worten der Fall? Oder ist uns durch jene Erzählung doch ein Wissen beigebracht worden? Findet eine Belehrung statt, wenn ich jene Erzählung einem andern vortrage? Augustinus ist offenbar in Verlegenheit, aber er weiß sich zu helfen. Die anderen Begriffe der Erzählung z. B. Jünglinge, König, Flammen, Rettung, Lobgesang u. s. f. sind längst in meiner Vorstellung, ich lerne nichts Neues, wenn man mir dieselben vorträgt. Die Worte Ananias, Azarias und Misael sind mir ebenso unbekannt wie das Wort saraballae und

---

*) Is me aliquid docet, qui vel oculis, vel ulli corporis sensu, vel ipsi etiam menti praebet ea quae cognoscere volo. Dieser Satz ist deswegen von besonderer Bedeutung, weil in demselben die augustinische Terminologie zu beachten ist, besonders die beiden Ausdrücke menti und cognoscere, im Unterschied von ratio und scire, welch Wörter im Folgenden sich finden werden.

die bloßen Namen verhelfen mir nicht zu einem Erkennen (cognoscere). Den Gesamtbegriff jener Erzählung, die historische Thatsache, ist mehr Aufgabe des Glaubens als des Wissens*) (credere potius quam scire). Auf den Unterschied zwischen Wissen und Glauben aber darf sich Augustinus berufen, denn der hl. Schriftsteller selber thut es ja mit den Worten: „Wenn ihr nicht glaubet, werdet ihr nicht erkennen" (nisi credideritis, non intelligetis). Was ich nämlich einsehe (intelligo), glaube ich auch, aber nicht alles, was ich glaube, sehe ich ein. Alles aber, was ich einsehe, weiß ich (scio); nicht alles, was ich glaube, weiß ich. Zugleich bin ich von dem Nutzen überzeugt, vieles zu glauben, was ich nicht einsehe, und zu diesem rechne ich auch die Erzählung von den drei Jünglingen. Obgleich ich das Meiste von jener Begebenheit nicht eigentlich wissen kann, so weiß ich doch, wie nützlich es ist, die Sache zu glauben.

Damit ist also die Ansicht des hl. Augustinus klar gelegt, was er der Belehrung durch Worte für eine Kraft zuschreibt. Faßt man Belehren in dem Sinne von Beibringen eines Wissens, so kann Belehrung nicht durch Worte stattfinden, denn Worte liefern keine Anschauung und nur was die Anschauung bietet, kann Wissen genannt werden. Alles andere fällt unter den Begriff Glauben. Wenn dem so ist, dann hat Augustinus Recht mit seiner Behauptung: Kein Mensch kann sich Lehrer eines andern nennen.

Bisher war im allgemeinen die Rede vom Lernen, ohne daß ein Unterschied in den Gegenständen des Lernens gemacht worden wäre. Nun wird das Wissen abgeteilt in universelles oder allgemeines und in spezielles oder besonderes. Es ist die Frage: Wie kommen wir zur Kenntnis der allgemeinen Wahrheiten und wie kommen wir zur Kenntnis von Einzeldingen? Während früher das Erkennen mit cognoscere bezeichnet wurde, wird dasselbe jetzt intelligere und scire genannt. Augustinus versteht eben unter cognoscere etwas anderes als unter intelligere; jenes bezieht sich auf die sinnlich wahrnehmbaren Dinge, dieses auf die allgemeinen Begriffe des Wahren, Guten, Schönen und Einen. Von den letzteren wird gesagt, daß wir sie kennen lernen durch Befragen der im Innern des Menschengeistes thronenden Wahrheit, nicht durch Anhören von äußerlich tönenden Reden, obgleich wir vielleicht durch solche Reden ermahnt werden, die innere Wahrheit zu befragen. Was versteht nun Augustinus unter dieser im Innern thronenden Wahrheit, welche befragt wird? Er beruft sich auf den Brief des hl Paulus an die Ephesier 3. 16, 17, wo es heißt: „Der Vater gebe euch nach dem Reichtum seiner Herrlichkeit, mit Kraft gestärkt zu werden, durch seinen Geist im innern Menschen, daß Christus wohne durch den Glauben in euren Herzen, die in Liebe ihr gewurzelt seid und grundgefestigt."

---

*) Haec autem omnia quae in illa leguntur historia, ita illo tempore facta esse, ut scripta sunt, credere me potius quam scire fateor. cap. XI. 37.

Es wird also von Augustinus nicht unterschieden zwischen Natur und Gnade. Obwohl der hl. Paulus nur von dem übernatürlichen, gnadenreichen Wohnen Christi im Innern des Menschen redet, wird dieser Gedanke auf das natürliche Gebiet, auf die natürliche Erkenntnisform übertragen und ganz allgemein gesagt: Der innere Lehrer des Menschen sei Christus d. h. die unveränderliche Kraft Gottes und die ewige Weisheit (incommutabilis Dei Virtus et sempiterna Sapientia). An diese wende sich jede vernünftige Kreatur, um Rat zu holen.*) Aber nicht jedem offenbart sie sich, sondern dies Offenbaren werde bemessen nach der Fassungskraft des Einzelnen, je nachdem er guten oder bösen Willens ist.**) Sollte jemand den Einwand erheben, daß unter diesen Umständen ein Irrtum nicht vorkommen könne, so ist zu erwidern, daß trotzdem eine Täuschung möglich sei, obwohl nicht die innere Wahrheit dies verschulde, sondern der Mensch selber. Dies wird durch eine Analogie zu beweisen gesucht: Wenn die Augen unseres Körpers getäuscht werden, so trage nicht das Licht die Schuld, welches alle Gegenstände erleuchte, sondern unser Auge, das nicht fähig sei, richtig zu sehen. So verhalte es sich auch mit dem innern Anschauen der Wahrheit.

Wenn man unterscheide zwischen der speziellen und allgemeinen Erkenntnis, so könne man auch hier mit vollem Recht sagen, daß man von anderen Menschen nicht belehrt werde. Denn alles, was wir wahrnehmen (percipere), nehmen wir entweder mit den Sinnen oder mit dem Intellekte wahr. Im ersten Falle rede man von sensibilia oder carnalia, im zweiten Falle von intelligibilia oder spiritualia. Werden wir über sinnlich wahrnehmbare Dinge befragt, so antworten wir das, was wir mit den Sinnen von den Dingen wahrnehmen, falls sie gegenwärtig sind. Kann der Fragende die Dinge nicht selber wahrnehmen, so glaubt er meinen Worten oder er glaubt ihnen nicht, lernen kann er aber auf keine Weise etwas, wenn er den besprochenen Gegenstand nicht wahrnimmt. Nimmt er den Gegenstand aber mit seinen eigenen Sinnen wahr, so hat er nicht durch meine Rede, sondern durch den Gegenstand selber und durch seine Sinne gelernt.

Außer den Bildern der sinnlich wahrnehmbaren Dinge tragen wir in unserem Geiste noch andere Vorstellungen. Diese sind in unserem Bewußtsein, indem wir mit dem Intellekt oder der Vernunft

---

*) De universis quae intelligimus non loquentem, qui personat foris, sed intus ipsi menti praesidentem consulimus veritatem, verbis fortasse admoniti ut consulamus. Ille autem qui consulitur, docet, qui in interiore homine habitare dictus est Christus. cap. XI. 38. cf. Conf. X. 58. Ubi veritas praesides omnibus consulentibus te, simulque respondes omnibus etiam diversa consulentibus.

**) Sic quando fallitur (homo) non fit vitio consultae veritatis. Tantum panditur cuique veritas, quantum capere propter propriam sive malam sive bonam voluntatem potest. l. c.

auf jenes innere Licht der Wahrheit schauen, durch welches der innere Mensch erleuchtet wird und welches der innere Mensch genießt. Auch in diesem Falle kann kein Mensch unser Lehrer sein, denn wir lernen nicht durch den äußeren Vortrag, sondern durch die Betrachtung der Wahrheit in unserem Innern. Wir schauen geistiger Weise die Dinge selbst, indem Gott sich in unserer Seele offenbart.*) Werden wir über diese geistig geschauten Dinge befragt, so können wir darüber Red und Antwort stehen, selbst dann, wenn wir niemals etwas davon vernommen haben. Es wäre aber absurd zu behaupten, daß einer etwas durch unsere Rede gelernt habe, welcher, bevor wir redeten, richtig Antwort geben kann.**) Sollte einmal einer bei solchem Befragen über allgemeine Wahrheiten keine richtigen Antworten geben, so trägt daran die Geistesschwäche des Schauenden die Schuld, welcher nicht die ganze Sache erfaßt, aber bei Detailfragen allmählig auf das Richtige gebracht wird.***) Man soll nicht sagen, daß in diesen Detailfragen eine Belehrung enthalten sei, vielmehr sei dies nur ein Anpassen an die geistigen Fähigkeiten des Gefragten. Die Erkenntniß der Wahrheit eines Satzes könne nicht von außen beigebracht werden, sondern komme zustande durch innere Anschauung. Dafür zwei Beispiele: Es sagt einer, er habe einen Menschen fliegen sehen, oder er sagt, weise Menschen seien besser als thörichte. Im ersten Falle werden wir die Wahrheit in Abrede stellen und antworten, es sei nicht zu glauben, daß ein Mensch fliegen könne. Oder wenn wir es glauben, so erlangen wir keine Erkenntniß und kein Wissen von einer solchen Behauptung. Im zweiten Falle aber werden wir rückhaltlos zustimmen und sagen: Wir wissen mit aller Bestimmtheit, daß weise Menschen besser sind als thörichte. Daraus sei zu erkennen, daß wir in keinem Falle etwas gelernt haben, denn dort erlangen wir kein Wissen und hier haben wir dasselbe schon. Daß ein Mensch fliege, ist nicht zu erkennen, und daß die weisen Menschen besser sind als die thörichten, ist aus sich selber klar. Im allgemeinen nehme der Zuhörer zum Redenden eine dreifache Stellung ein: Entweder wisse er nicht, ob Wahres vorgebracht werde, oder er wisse genau, daß die Rede falsch sei, oder er wisse, daß sie wahr sei. Wissen wir nicht, ob eine Rede wahr sei, so treten wieder drei Fälle ein, entweder glauben wir, oder wir gelangen zu einem Meinen, oder wir zweifeln. Aber wir lernen nichts.

---

*) Noster auditor novit quod dico sua contemplatione, non verbis meis. Ergo ne hunc quidem doceo vera dicens, vera intuentem: docetur enim non verbis meis, sed ipsis verbis, deo intus pandente, manifestis. cap. XII.

**) Quid autem absurdius quam cum putare locutione mea docere, qui posset, antequam loquerer, ea ipsa interrogatus exponere. XII. 40.

***) Hoc fit imbecillitate cernentis, qui de re tota illam lucem consulere non potest: quod ut partibus faciat, admonetur, cum de iisdem istis partibus interrogatur, quibus illa summa constat, quam totam cernere non valebat. XII. 40.

Wissen wir genau, daß eine Rede falsch ist, so opponieren wir oder wir verweigern unsere Zustimmung. Also findet auch hier kein Lernen statt. Wissen wir aber, daß eine Rede wahr ist, so haben wir ebenfalls nichts gelernt, sondern wir stimmen dem Gesagten nur bei.

Noch auf einem anderen Wege sucht Augustinus zu beweisen, daß wir von einem andern Menschen nichts lernen können. Er meint nämlich, in denjenigen Dingen, welche nicht mit den Sinnen, sondern mit dem Geiste angeschaut werden, also auf dem Gebiete des Intelligiblen, könne ein Redner trotz vieler Worte nicht zu einem Ziele gelangen, wenn nicht sein Zuhörer, ebenso wie er, imstande sei, das Intelligible in seinem Innern anzuschauen. Ist aber der Zuhörer dazu befähigt, so ist er nicht ein Schüler des Redners, sondern der inneren Wahrheit, er ist sogar ein Kritiker des Redners, oder vielmehr der Rede selbst*). Oft kommt es auch vor, daß ein Zuhörer zum Wissen d. h. zum Erkennen der Wahrheit gelangt, obwohl der Redner das betreffende Wissen nicht besitzt. Nehmen wir an, ein Epikuräer, welcher nicht an die Unsterblichkeit der Seele glaubt, halte einen Vortrag und führe dabei die Gründe an, welche man zum Beweise der Unsterblichkeit der Seele anzugeben pflegt. Irgend ein Zuhörer, welcher imstande ist, das Intelligible zu schauen, gelangt zur Ueberzeugung, daß die angeführten Gründe wirklich genügen, um die Unsterblichkeit der Seele zu beweisen, er hält also die Rede des Epikuräers für wahr, obgleich der Epikuräer selbst nicht von der Wahrheit seiner Worte überzeugt, ja sogar der entgegengesetzten Meinung ist. Sollte da jemand behaupten wollen, daß der Zuhörer etwas von dem Epikuräer gelernt habe, oder wäre es möglich, etwas zu lehren, was man selber nicht weiß? (wissen   als wahr und gewiß erkennen).

Angesichts dessen muß man sagen, daß die Worte eines Redners nicht einmal die Gesinnung des Redenden auszudrücken imstande sind**). Der Epikuräer hat wenigstens in seinen Worten seine Gesinnung nicht geoffenbart. Ebensowenig thun es die Lügner. Diese gehen vielmehr darauf aus, mit ihren Worten die wahre Gesinnung zu verbergen. Außerdem kann es vorkommen, daß sich der Redner verspricht oder daß er einmal den Faden der Rede verliert, oder daß er ein zweideutiges Wort gebraucht. In allen diesen Fällen werden die Zuhörer seine Gedanken nicht erraten können.

Augustinus meint aber von all diesen Fällen absehen zu dürfen und ist der Ansicht, daß selbst dann, wenn in der Rede die Gedanken des Redenden offenbar werden, der Zuhörer keine Erkenntnis der Wahrheit erlangt habe. Es lasse sich nicht sagen, der Redner habe Dinge

---

*) Quisquis cernere potest (quae mente cernuntur) intus est discipulus veritatis, foris judex loquentis vel potius ipsius locutionis. cap. XIII. 91.

**) Quare jam ne hoc quidem relinquitur ut his (verbis) saltem loquentis animus indicetur; si quidem incertum est utrum ea quae loquitur, sciat. (!) l. c.

vorgebracht, welche wahr seien, höchstens sei einzugestehen, er habe über das Vorgebrachte nachgedacht. Aber nicht darum handle es sich jetzt. Der Zuhörer wolle nicht wissen, ob der Redner über etwas nachgedacht habe, sondern ob dessen Rede wahr sei.

Unzweifelhaft würden auch die Lehrer nicht zugestehen, daß sie im Unterrichte nur ihre Gedanken vortragen. Vielmehr sollen durch ihr Bemühen die Lehrfächer selber erfaßt und festgehalten werden. Während aber diese Lehrfächer vorgetragen werden, schauen die Schüler in ihrem Innern auf die Wahrheit, sie vergleichen die Worte des Lehrers mit derselben und erkennen so ihren Kräften gemäß, ob der Lehrer Wahres rede. Durch dieses Vergleichen lernen sie und sind dann bereit, den Lehrer zu loben. Es muß aber gesagt werden, daß ein solches Lob nicht angebracht ist, da es auf einem Irrtum beruht*). Weil nämlich die Erkenntniß der Wahrheit sich unmittelbar an den Vortrag des Lehrers anschließt, so sind die Schüler der Meinung, die Erkenntnis sei die Folge des Vortrags**). Die Lehrer verdienen Lob nur für ihr Ermahnen, aber nicht für das Vermitteln der Wahrheit. Dies ist Sache des inneren Schauens. Doch soll damit nicht gesagt sein, daß den Worten des Lehrers eine geringe Bedeutung zukomme, nur sollen wir uns hüten, denselben mehr zuzuschreiben, als ihnen gebührt. So werden wir zur Einsicht gelangen, wie wahr auf göttliche Autorität hin geschrieben worden ist, wir sollen niemand auf Erden Lehrer nennen, weil der eine Leh= rer für alle im Himmel throne (Matth. 13, 8—11)***). Was aber im Himmel sei, wird derjenige selbst uns lehren, von welchem wir vermittelst der Sprache der Menschen äußerlich ermahnt werden, daß wir nach innerer Zuwendung zu ihm uns selber unterrichten. Die Liebe und Erkenntniß dieses Lehrers ist das ewige Leben (quem diligere et nosse beata vita est).

Zum Schlusse versichert Adeodatus, daß er durch die Ermah= nungen Augustins gelernt habe, den Worten eines Lehrers sei nur ermahnende Kraft beizumessen†) und es sei von sehr geringer Be= deutung, daß durch die Rede die Gedanken des Redenden offenbar werden. Die Erkenntniß der Wahrheit, worauf es allein ankomme, sei allein durch den im Innern wohnenden Lehrer möglich. Kein

---

*) Cum vera dicta esse intus invenerint, laudant, nescientes non se doctores potius laudare quam doctos. cap. XIV. 45.

**) Quia plerumque inter tempus locutionis et tempus cognitionis nulla mora interponitur: et quoniam post admonitionem sermocinantis cito intus discunt, foris se ab eo qui admonet, didicisse putant. l. c.

***) Nunc ne plus eis (sc. magistris) quam oportet tribueremus admonui te: ut jam non crederemus tantum sed etiam intelligere inciperemus quam vere scriptum sit auctoritate divina, ne nobis quemquam magistrum dicamus in terris, quod unus omnium magister in coelis sit. l. c.

†) Ego vero didici admonitione verborum tuorum, nihil aliud verbis quam admoneri hominem ut discat . . . . Utrum autem verum dicatur, cum docere solum, qui se intus habitare, cum foris loqueretur, admonuit. l. c.

13

Bedenken sei übrig geblieben. Das im Innern verborgene Orakel
habe ihm voll Zustimmung ermöglicht*).

II.

Nachdem wir den Gedankengang der Schrift de magistro
vorgeführt haben, wird man sich ein Urteil über die Methode Au=
gustins in der Erkenntnistheorie bilden können. Bevor wir daran
gehen, die Lehre Augustins aus seinen andern Schriften zu erläutern,
müssen wir bemerken, daß er der Anschauung von dem Wieder=
erinnern an schon Gewußtes nicht treu bleiben konnte, weil es nach
christlichem Dogma keine Präexistenz der Seele giebt. Er nimmt
deshalb in seinen Retraktationen den Ausdruck „wiedererinnern" zurück,
betont aber um so schärfer das Innewohnen der ewigen Wahrheit
in der menschlichen Seele. Die intuitive Erkenntnisweise ist in allen
seinen Schriften prävalierend, obwohl er auch hier Concessionen an
die empirische Methode machen muß. Augustinus findet neben dem
Satze, daß Christus unser einziger Lehrer sei, auch den andern, wo=
nach wir das Unsichtbare von Gott aus der sichtbaren Welt erkennen.
Wenn Christus als die dem Menschengeist innewohnende Wahrheit auf=
gefaßt und jegliche Erkenntnis auf Intuition dieser Wahrheit zurück=
geführt wird, so kann daneben das christliche Dogma von der Er=
kenntnis Gottes aus der sichtbaren Welt nicht bestehen. Augustinus
huldigt der deduktiven, die hl. Schrift der induktiven Methode, doch
ist sich der hl. Kirchenlehrer eines Widerspruches in dieser Frage
nicht bewußt geworden. Er suchte vielmehr beide Methoden harmo=
nisch zu verbinden und darum finden sich in seinen Schriften solche
Stellen, nach welchen man die Wahrheit im Innern schaut und
daneben andere, wonach man dieselbe aus der sichtbaren Welt erkennt.
Oft ist davon die Rede, daß die Sinnenwelt wegen ihrer Un=
beständigkeit und Wandelbarkeit keine sichere Erkenntnis vermitteln
könne; nicht selten aber wird auch gelehrt, daß aus der Schönheit
und Güte der Welt und aus der irdischen Wahrheit auf Gott, als
die ewige Wahrheit, geschlossen werden müsse. Gegen die Methode
Augustins erheben sich noch andere Bedenken.
Wenn Christus als einziger Vermittler der Erkenntnis ange=
sehen wird, so muß jeder sittlich geläuterte Mensch zur vollkom=
menen Erkenntnis der Wahrheit gelangen, während die sündhaften
Menschen von dem wahren Erkennen vollständig ausgeschlossen
sind. Augustinus ist sich bewußt, daß weder der erste noch der
letzte Satz zutreffend sei; denn er muß das Geständnis ablegen:
Weder erkennen die Guten die Wahrheit unterschiedslos voll=
kommen, noch sind die Bösen der Erkenntnis des Wahren völlig
unfähig. Indessen ist dieser Widerspruch, sowenig wie der erste
über die Methode, imstande, Augustinus von seiner Ansicht über

---

*) Nihil abs te (ab Augustino) relictum est quod me dubium faciebat,
de quo non ita mihi responderet secretum illud oraculum, ut tuis verbis
asserebatur. cap. XIV. 46.

Chriſtus als den einzigen Lehrer abwendig zu machen. Wohl werden die Gegenſätze etwas gemildert und verdeckt, aber nicht auf= gehoben. Manche Erklärer des hl. Auguſtinus wollten durch den Hinweis vermitteln, daß er das eine Mal von der theologiſchen, das andere Mal von der philoſophiſchen Wahrheit rede; diejenigen Stellen, welche von einer Intuition der Wahrheit handeln, ſeien auf das wunderbare, myſtiſche Gebiet zu beziehen; dort wo von Induktion die Rede ſei, meine Auguſtinus das natürliche Erkennt= nisgebiet. Indeſſen führen wir Conf. 10. 15. an, wo es heißt: „Du warſt mit mir und ich war nicht mit dir. Du warſt in mei= nem Gedächtnis ehe ich dich kannte. Du haſt dich gewürdigt in meinem Gedächtnis zu ſein und daraus habe ich dich kennen gelernt. Du haſt mich berührt und ich entbrannte in deinem Frieden." Da= neben ſtellen wir de gen. 23: „Der menſchliche Geiſt bringt zuerſt die Geſchöpfe durch die Sinne des Körpers in Erfahrung und ver= ſchafft ſich eine Kenntnis derſelben, darauf ſucht er nach deren Ur= ſachen, ob er in irgend einer Weiſe zu ihnen gelangen könne, wie= wohl ſie urſprünglich und unverändert in Gottes Wort bleiben. Und ſo wird das Unſichtbare von Gott durch das, was gemacht iſt, erkannt."

Wir haben hier die deduktive und induktive Methode neben einander, ohne daß man zwiſchen übernatürlicher und natürlicher Erkenntnisweiſe unterſcheiden könnte. Bei Auguſtinus blieben alſo die Gegenſätze unvermittelt und ſo erklärt es ſich, daß Empiriſten und Idealiſten ſich auf ihn berufen. Wer von den beiden Recht behält, wird ſich im Verlaufe der Abhandlung zeigen. Vorläufig ſagen wir: Die Erkenntnislehre des hl. Auguſtinus gipfelt in dem Satze, daß Chriſtus unſer einziger Lehrer ſei. Manchmal iſt er von dieſer Anſicht abgewichen, aber im Princip durfte er nicht anderer Meinung ſein. Daß Auguſtinus nicht immer conſequent gedacht hat, wenn er auf das erkenntnistheoretiſche Gebiet zu ſprechen kam, wird man umſomehr begreifen, weil man in damaliger Zeit, und noch lange nachher, nicht planmäßig über das Zuſtandekommen unſerer Erkennt= nis nachdachte, ſondern nur vorübergehend dieſe Frage behandelte. Stellt man aber die Anſicht eines Philoſophen zuſammen, ſo muß als oberſter Grundſatz gelten, den Mann ſo zu interpretieren, wie er auf ſeinem Standpunkte denken mußte, nicht nach dem, wie er zufällig einmal gedacht hat. Befolgt man dieſe Regel, ſo wird ſich auch aus den andern philoſophiſchen Werken Auguſtins ergeben, daß er Chriſtus als den einzigen Lehrer aufſtellen mußte.

Nach der Meinung Auguſtins beruht jede Erkenntnis auf dem Schauen (visio). Das Schauen zerfällt in drei Arten*): das körper=

---

*) De gen. XII. 11. Tria genera illa igitur visionum, corporale, spirituale, et intellectuale singillatim consideranda sunt, ut ab inferioribus ratio ad superiora conscendat. Cum enim legitur: diliges proximum tuum tamquam teipsum, corporaliter litterae videntur, spiritualiter proximus

liche (visio corporalis), das seelische (visio spiritualis) und das geistige (visio intellectualis). Beim körperlichen Schauen hat man nicht nur an die Thätigkeit der Augen zu denken, sondern an die Thätigkeit aller fünf Sinne. Weil das Auge den vornehmsten Platz unter den fünf Sinnen einnimmt, darum wird jede Sinnenthätigkeit körperliches Schauen genannt. Ueber die Gesamtwahrnehmung der äußeren Sinne urtheilt ein innerer Sinn (sensus interior). Der innere Sinn bringt alle Sinneswahrnehmung zum Bewußtsein und hält sie mit dem Gedächtnisse (memoria) fest. Die äußeren Sinne liefern das Material für den inneren Sinn. Alle Wahrnehmungen von der Außenwelt, alle Vorstellungen (imago absentis corporis) von der sichtbaren Schöpfung haften in dem Gedächtnis, welches einer Kammer zu vergleichen ist, in welcher Altes und Neues aufgespeichert liegt. Diese Thätigkeit des inneren Sinnes, das seelische Schauen, ist dem Menschen gemeinsam mit den Tieren*), es ist bei beiden nicht wesentlich, sondern nur graduell verschieden.

Aber die Seele des Menschen besitzt noch eine andere Kraft, die Vernunft (ratio oder intellectus). Durch diese unterscheidet sich der Mensch von dem Tiere. Sie ermöglicht es, geistige Dinge zu schauen, das Intelligible zu erfassen, Begriffe von Wahrheit, Schönheit, Güte u. s. f. zu bilden, Gott zu erkennen**). Das Verhältnis des spiritus zum intellectus, der niederen Seelenkraft zur höheren, wird dadurch erklärt, daß jener kein eigentliches Wissen, d. h. kein Begreifen vermittelt, sondern nur ein cognoscere, während der Intellekt dem Menschen das Wissen (scire) im vollsten Sinne des Wortes liefert. Was durch die Sinne in die Seele eingeht, sind nur Phantasmata, während dem Intellekt das Intelligible zu Gebote steht. Auch auf dieser Stufe wird das Erkannte durch das Gedächtnis festgehalten***).

Nachdem feststeht, daß weder die Sinne noch der Spiritus ein Wissen vermitteln, sondern höchstens ein Fürwahrhalten oder ein Glauben, kann in der Folge nur mehr der Intellekt in Betracht kommen,

---

cogitatur, intellectualiter dilectio conspicitur. Sed et litterae absentes spiritualiter cogitari possunt et proximus praesens potest corporaliter videri; dilectio autem nec per substantiam suam potest oculis corporis cerni, nec per imaginem corporis similem spiritu cogitari, sed sola mente, id est, intellectu, cognosci et percipi.

*) Dicitur etiam spiritus anima, sive pecoris, sive hominis. De gen. lib. XII. 7.

**) Die dritte Art der Erkenntnis, der Intellekt, wird sogar mit dem dritten Himmel verglichen, von welchem St. Paulus redet: Quapropter si hoc tertium genus, quod superius est omni corporali et omni spirituali, tertium coelum appellavit apostolus; in hoc videtur claritas dei, cui videndae corpora mundantur. De gen. XII. 28.

***) Item continet memoria numerorum et dimensionum rationes et leges innumerabiles, quarum nullam corporis sensus impressit. Conf. 10. 12. Die Zahlen und Gesetze rechnet Augustinus zu der intelligiblen Welt.

wenn es sich um Wissen und Erkennen handelt. Die Sinneserkenntniß ist auf das Schärfste von dem geistigen Schauen getrennt. Es giebt bei Augustinus principiell keine Brücke von der niederen zur höheren Erkenntnisweise*), schon deswegen nicht, weil der Geist, als das Vorzüglichere, nicht abhängig sein kann vom Niederen, es muß gänzlich ausgeschlossen sein, daß der Intellekt beeinflußt werde von den Sinnen**). Weil ihm aber doch die Kraft des Schauens zugeschrieben wird, so muß die Frage aufgeworfen werden, woher er sein Material nehme. Da wären zwei Möglichkeiten geboten: entweder sind ihm die intellektuellen Begriffe angeboren, oder er besitzt nur die Fähigkeit, sie zu erwerben, indem er sie irgendwo außerhalb der sinnlichen Welt schaut. Viele Stellen könnten dahin gedeutet werden, daß die intellektuellen Begriffe dem Menschengeist angeboren seien. Doch lassen sich gegen diese Annahme alle jene Stellen verwerten, in welchen von einem Hinwenden des Geistes zu seinem Objekte die Rede ist, woraus zu schließen wäre, daß der Geist aus sich allein kein Wissen von den intelligiblen Dingen besitze.

Aus der Abhandlung de magistro geht hervor, daß Augustinus auf philosophischem Wege erklären wollte, wie der Mensch zur Erkenntnis der Ideen gelange. Unter Ideen, oder mit seinem Ausdruck, unter dem Intelligiblen versteht Augustinus die Allgemeinbegriffe des Wahren, Guten, Schönen, der Zahlenordnung, der Gesetze u. s. f. Während man in der neueren Philosophie die Erklärung des Ursprungs der menschlichen Erkenntnis als die erste Aufgabe alles Philosophierens ansieht, verfuhr man in der alten Zeit und im Mittelalter auf andere Weise. Nicht als ob man sich die Frage gar nicht vorgelegt hätte (einen Beweis dafür liefert schon unsere Schrift de magistro), aber man kam auf dieses Thema selten systematisch zu sprechen. Wenn einmal die Rede davon war, so geschah es mehr vorübergehend und zufällig, wie es der Gegenstand, den man eben untersuchte, mit sich brachte.

Augustinus kommt der systematischen Lösung der Frage nach dem Ursprung unseres Wissens in der Schrift de magistro sehr nahe, denn, indem er Christus als den einzigen Lehrer der Menschen hinstellt, will er beweisen, daß unsere Erkenntnis ihren Ursprung in Gott habe und ohne Gott nicht erklärt werden könne. Es mag anfangs überraschend klingen, wenn Christus als die alleinige Ursache unserer Erkenntnis ausgegeben wird. Indessen ist zu bedenken, daß

---

*) Es ist nicht zu glauben, daß der Körper irgend etwas im Geiste wirke, als ob der Geist dem Körper als dem Thätigen unterworfen wäre. . . . Das Bild eines Körpers bringt nicht der Körper im Geiste, sondern der Geist selber in sich hervor. De gen. XII. 16. 33.

**) Spiritualis visio indiget intellectuali, ut dijudicetur, intellectualis autem ipsa spirituali inferiore non indiget, corporalis visio spirituali, intellectuali utraque subjecta est . . . . non absurde arbitror spiritualem visionem inter intellectualem et corporalem tamquam medietatem quandam obtinere. De gen. XII. 24.

Augustinus weniger den in der Geschichte aufgetretenen Christus als den ewigen Sohn Gottes, den λόγος, im Auge hat. Unter diesem Gesichtspunkt wird das Seltsame in der Lehre unseres Kirchenvaters verschwinden, denn es wird sich zeigen, daß sich in alter und neuer Zeit Männer finden, die dieselbe Anschauung vertreten und Gott als den Urheber unseres Wissens angesehen haben.

Bevor wir die Lehre Augustins über Christus als den einzigen Lehrer oder über den Ursprung unserer Erkenntnis des Näheren darlegen, müssen wir bemerken, daß es sich im Folgenden nur um philosophische Erkenntnis handeln kann. Wie die Theologen den Satz von dem einzigen Lehrer auslegen, kommt für uns nicht in Betracht. Wohl ist es wahr, daß Augustinus selber nicht genau zwischen Philosophie und Theologie unterscheidet, daß er infolgedessen Christus unterschiedslos als den Vermittler natürlicher und übernatürlicher Wahrheiten ansieht. Philosophie und Theologie waren ihm so nahe verwandt, daß es niemals gelingen wird, seine Ansichten über die beiden Disciplinen vollständig genau abzugrenzen. Doch halten wir dafür, daß es sich der Mühe verlohnt, die Lehre Augustins zu verfolgen, um wenigstens einigermaßen den philosophischen Kern herauszuschälen. Zunächst soll dies im Anschluß an folgende drei Fragen geschehen:

a. Woher haben wir die Ideen der Zahlenordnung, der Einheit und der Schönheit?

b. Woher stammt die Idee der Wahrheit?

c. Woher haben wir ein Wissen von Gott?

a. Von den Ideen der Zahlenordnung, der Einheit und Schönheit.

Wie einstens Plato, so läßt sich auch Augustinus stark beeinflussen von Pythagaras und dessen Schülern. Darum spricht er, wie diese, vielfach von dem System der Zahlen und rechnet dasselbe nicht zur sinnlichen, sondern zur intellektuellen Erkenntniswelt. Staunend lenke der Mensch seine Aufmerksamkeit dem geheimnisvollen Zahlensystem zu. Es sei zu verwundern, daß, obwohl sonst in der Welt alles endlich erscheine, kein Ende der Zahlen zu denken sei. Niemals könne man beim Zählen an ein Ende gelangen. In der Welt sei nichts Unendliches wahrzunehmen, also könne die Idee von den unendlichen Zahlen nicht aus der Welt stammen. Ferner sei zu bemerken, daß der menschliche Geist keinen Einfluß auf die Zahlenordnung besitze. Andere Vorstellungen könne der Mensch willkürlich verändern, zusammenstellen und trennen, über das Verhältnis der Zahlen habe er keine Macht, dieses könne er nicht ändern. Das Resultat beim Addieren, Subtrahieren u. s. f. hänge durchaus nicht vom menschlichen Geiste ab, sondern dieser sei gezwungen, sich nach dem gegebenen System zu richten. Während sich sodann im Laufe der Jahrhunderte vieles in der Welt verändere, könne sich niemals auch nur das Mindeste an dem Zahlenverhältnis ändern. Hier walte strenge Notwendigkeit und absolute Unveränderlichkeit.

Während es also in der Erfahrungswelt nichts Unendliches, nichts Notwendiges und nichts Unvergängliches gebe, finden sich unendliche, notwendige und unveränderliche Vorstellungen im menschlichen Geiste*). Augustinus ist dafür, daß die Idee der Zahlen nicht aus der Sinnenwelt, sondern aus der Welt des Intelligiblen stamme. Von dorther habe der Mensch diese Idee bezogen, dort habe er sie geschaut. Die Welt des Intelligiblen aber ruht insgesamt in Christus, dem Sohne Gottes, also muß der Mensch von ihm beeinflußt sein, Christus ist die Quelle unseres Wissens von den Zahlen.

Ebenso verhält es sich nach Augustinus mit dem allgemeinen, intelligiblen Begriff der Einheit. In der Sinnenwelt sei derselbe nicht zu finden, denn diese sei körperlich und teilbar. Jedes körperliche Ding sei der Einheit entgegengesetzt, denn man könne es in Teile zerlegen. Nun habe aber der Geist eine Vorstellung, eine Idee der Einheit und des Unteilbaren. Woher soll diese Idee gekommen sein**), wenn nicht aus der intelligiblen Welt!

Damit hängt der Begriff der Gleichheit und Aehnlichkeit zusammen und wir gelangen auf das Gebiet der Mathematik, wo als Grundgesetze die unbeweisbaren Principien gelten: Sind zwei Größen einer dritten gleich, so sind sie unter sich gleich u. s. f. Im allgemeinen seien die Lehrsätze der reinen Mathematik unabhängig von jeder sinnlichen Erfahrung. Sie gelten auch, wenn niemand sie gedacht habe. Ein großes Gebiet von Intelligibilien eröffne sich hier dem menschlichen Geiste. Es müsse außer der sinnlichen Welt eine Welt der Gedanken geben. Dasselbe lasse sich sagen von den Sätzen der Logik und von den Principien des menschlichen Erkennens. Die Gesetze des Widerspruches und der Identität, des ausgeschlossenen Dritten bei disjunktiven Sätzen, auch der Satz vom zureichenden Grunde stehen über aller Erfahrung, und doch habe der Mensch ein Wissen von ihnen. Woher dieses Wissen, wenn nicht aus der intelligiblen Welt. Viele moralischen Begriffe leuchten dem Menschen ohne Weiteres ein, ohne daß man sie sinnlich wahrgenommen hätte. Daß der Weise besser sei als der Thörichte, braucht niemandem bewiesen zu werden. Daß die Tugend Lohn und die Sünde Strafe verdiene, ist aus sich klar. Selbst in die Herzen der Gottlosen sind diese Begriffe geschrieben und keine Bosheit kann sie auslöschen.

Vielfach beschäftigt sich Augustinus mit dem Begriff der Schönheit und mit den ästhetischen Gefühlen. Es ist für ihn die Frage zu lösen, ob die Dinge gefallen, weil sie schön sind, oder ob sie schön

---

*) Nullam rationem numerorum corporis sensus impressit. Conf. X. 12.

**) Unde illam nosti unitatem, secundum quam judicas corpora? . . . nam istis oculis corporis non nisi corporalia vides; mente igitur eam videmus. De vera rel. c. 32.

sind, weil sie gefallen. Eine Lösung dieser Fragen ist nur mit Hülfe der Ideen der Einheit möglich. Je mehr die Dinge nach Einheit streben, desto mehr gefallen sie. Den Begriff der Einheit haben wir aber nicht aus den Dingen, also auch nicht den Begriff der Schönheit*); wir erfassen beide mit dem Geiste und dem Geiste sind sie eingepflanzt. Sie müssen wie die anderen intelligiblen Begriffe durch ein inneres Licht erfaßt werden.

b. Von der Idee der Wahrheit**).

Ueber allen intelligiblen Begriffen steht der der Wahrheit. Die Wahrheit ist in allen anderen enthalten und umfaßt dieselben, das Schöne, das Eine, das Gute ist alles wahr und das Wahre ist alles eins, gut und schön. Viele Fragen sind betreffs der Wahrheit zu lösen. Wo ist sie? Was ist sie? Wie kommt sie in unseren Geist? Welches ist ihre Kraft? Die Wahrheit ist die höchste Idee in der intelligiblen Welt, ihrer Macht kommt keine andere gleich, von ihr kommen alle anderen Ideen her, sie ist der Grund alles Seins und alles Erkennens. Zuletzt ist sie Gott selber und dessen eingeborner Sohn Jesus Christus. Was sich Augustinus unter der Wahrheit denkt, wie viel Begriffe er mit ihr identificiert, vermag am besten aus dem zweiten Buch der Soliloquien und aus der Schrift über die Unsterblichkeit der Seele zu erkennen. An der Hand dieser Werke wird auch klar, wie Augustinus zu dem Satze gelangt, daß Christus unser einziger Lehrer sei.

Es handelt sich dort um den Beweis der Unsterblichkeit der Seele, also um eine Sache, die dem neubekehrten Philosophen ungemein viel zu bedeuten hatte. Daß unsere Seele unsterblich sei, wird nach Augustinus durch die Wahrheit erkannt. Darum muß vor allem der Begriff der Wahrheit festgestellt werden. Zuerst sucht man den Begriff der Wahrheit aus ihrem Gegenteil, der Falschheit, zu ermitteln***). Falsch ist das, was sich anders verhält, als es scheint, und dennoch für wahr gehalten wird. Der Grund der Falschheit liegt demnach nicht in dem erkannten Objekt, sondern in dem erkennenden Subjekt. Das Denken, nicht die Dinge sind die Ursache der Falschheit. Die Wahrheit ist infolgedessen ebenfalls ein Gebilde des menschlichen Geistes. Wahr ist das, was so erscheint, so beurteilt wird, wie es ist. Die Wahrheit ist im Intellekt, nicht in der Außenwelt.

Viel Richtiges ist an dieser Auffassung der Wahrheit, aber genügen kann eine solche Definition nicht; denn es klingt allzu sophistisch, wenn man den Menschen als die Quelle der Wahrheit

---

*) Quidquid te delectat in corpore et per corporeos sensus illicit, videas esse numerosum et quaeras, unde sit; et in te ipsum redeas atque intelligas te id, quod attingis sensibus corporis, probare aut improbare non posse, nisi apud te habeas quasdam pulchritudinis leges, ad quas referas quaeque pulchra sentis exterius. De lib. arb. II. 8.

**) cf. Wörter, der Geistesgang des hl. Aug.

***) cf. Wörter, l. c. S. 153.

hinstellt. Vielmehr muß der Wahrheit nicht nur ein subjektiver, sondern auch ein objektiver Grund gegeben werden, soll sie nicht ganz aus der Philosophie verschwinden und zuletzt die Falschheit gleich der Wahrheit gestellt werden. Nicht der Mensch ist das Maß der Wahrheit und nicht aus seinem Geiste wird sie erzeugt, sie ergiebt sich vielmehr aus dem Sein der Dinge. Alles, was ist, ist wahr (verum est, quod est). Wahrheit und Sein sind identisch. Demnach ist die Wahrheit das erhabenste und ursprünglichste aller Dinge (maxime et primitus est), sie ist gleich dem allgemeinsten Sein, sie ist der generellste und realste Begriff, die höchste Idee.

Die Wahrheit ist unvergänglich und unzerstörbar, denn durch sie sind alle Dinge wahr, welche wahr sind*). Man kann gar nicht annehmen, daß die Wahrheit untergehe. Würde man sich vorstellen, die Wahrheit sei aus dem Sein verschwunden, so wäre doch der Satz wahr, daß sie verschwunden ist, und somit hätten wir wiederum die Wahrheit. Die Wahrheit ist etwas Substantielles, Fürsichbestehendes und muß deshalb irgendwo sein**). In den Körpern ist sie nicht, denn diese sind nicht intelligibel. Nirgends kann sie auch nicht sein. Also ist sie in der Seele, da ist ihr Sitz und ihre Wohnstätte***): denn die Seele ist wie die Wahrheit intelligibel. Diese beiden Begriffe sind homogen.

Fragt man, in welchem Teile oder in welchem Vermögen der Seele die Wahrheit sich finde, so wird man auf die Vernunft als den Sitz der Wahrheit hingewiesen. Weil die Vernunft mit der Seele unzertrennlich verbunden ist, darum ist es auch die Wahrheit†). Aus diesem Grunde ist die Seele unsterblich; denn ein Subjekt, mit dem die Wahrheit unzertrennlich verbunden ist, kann nicht untergehen. Was ist die Vernunft? „Sie ist der Anblick als Akt der Seele, in welchem sie sich selbst anschaut, ohne Vermittlung des Körpers.“ Wenn aber die Vernunft sich selbst anschaut, so schaut sie auch die Wahrheit an; Vernunft ist gleich Wahrheit, man kann beide Begriffe mit einander vertauschen.

Wie die Wahrheit kann man auch die Vernunft personificieren. Die Vernunft ist neidlos und entzieht sich keinem, der sie schauen mag. Es giebt nichts Mächtigeres und Unwandelbareres als die Vernunft und weil die menschliche Seele mit ihr verbunden ist, darum verleiht sie ihr unsterliches Sein.

Man sage nicht, wenn die Vernunft so hoch gestellt und die Seele mit ihr verbunden ist, so müsse die Seele notwendiger Weise

---

*) Omnis, qui utrum sit veritas dubitat, in se ipsum habet verum, unde non dubitet, nec ullum verum nisi veritate verum est. De vera rel. 73.

**) cf. Wörter, l. c. S. 164.

***) Noli feras ire in interiore homine habitat veritas. De vera rel. 32. 72.

†) cf. Wörter l. c. S. 163.

immer erkennend und von der Wissenschaft erfüllt sein. Die menschliche Vernunft besitzt wohl alles Wissen in sich, aber sie ist sich dessen nicht immer und in allen bewußt. Die Vernunft (ratio) besitzt ein Vermögen (ratiocinatio) und mit diesem kann sie sich der Wahrheit zuwenden. Dadurch wird der Mensch weise. Die Vernunft kann sich aber auch von der Wahrheit abwenden und dann hört der Mensch auf, weise zu sein. Die Vernunft darf nicht mit dem Wissen verwechselt werden. Dieses ist ein thätiges Anschauen (visio), jene aber ist ein Hinschauen (adspectus), mit welchem der Anblick nicht ohne weiteres verbunden ist*). So schauen wir mit unseren leiblichen Augen nach irgend einem Gegenstand, ohne daß wir immer etwas erblicken. Trifft aber das Hinschauen mit dem gesuchten Gegenstand zusammen, dann haben wir den Anblick. Die Vernunft besitzt also wohl die Wissenschaft und die Wahrheit, doch muß die Ratiocinatio ihre Schlüsse vom Bekannten zum Unbekannten machen, um zum eigentlichen Wissen zu gelangen. Man darf aber dieses Schließen nicht als lernen auffassen. Die Seele lernt die Wissenschaften und die Wahrheit nicht, sie hat alles Intelligible schon in sich; denn sie hat es mit auf die Welt gebracht**). Von einem Lernen ist keine Rede; was den Anschein davon hat, darf man nur Wiedererinnern nennen. Die Seele ist mit der Vernunft begabt erschaffen worden und existierte nie ohne dieselbe, darum afficiert die Vernunft unsere Seele und läßt von ihrem kraftvollen Sein auf die Seele überfließen, daß diese nach der Erschaffung nicht mehr zu Grunde gehen kann. Mit der Vernunft ist auch die Wahrheit in den Menschen gekommen. Die Seele weiß alles. Nichts in der Welt kann sie zum Wissen bringen. Wir müssen zur Erkenntnis der Wahrheit nichts anderes thun, als auf die in unserem Innern sich ausbreitende Wahrheit schauen***).

Die Körperwelt kann dem menschlichen Geiste kein Wissen zuführen, weil wir uns beim Wissen vom Körper frei machen. Je mehr uns dies gelingt, desto mehr erkennen wir von der intelligiblen Welt. Viele werden an der wahren Erkenntnis nur durch ihre Anhänglichkeit an die irdischen Dinge gehindert. Könnten sie sich davon losmachen und ihre Seele läutern, dann müßten alle zu dem innern Schauen der Wahrheit gelangen.

---

*) cf. Wörter l. c., S. 203. Storz l. c. § 7.

**) Fieri potest, ut hoc (sc. recordari) ideo possit quia natura intelligibilis est, et connectitur non solum intelligibilibus sed etiam immutabilibus rebus. Eo ordine facta est, ut cum se ad eas res moveat, quibus connexa est, et connectitur non solum intelligibilibus, sed etiam immutabilibus rebus. Retract. l. 1. 8. In der Schrift de quantitate animae hatte Aug. diesen Gedanken folgendermaßen ausgedrückt: Mihi omnes artes secum attulisse videtur anima, nec aliud quidquam esse id, quod dicitur discere quam reminisci et recordari. Diese Stelle klang ihm zu platonisch, darum hat er sie später retrattiert, ohne aber den Sinn wesentlich zu ändern.

***) In incorporali natura sic intelligibilia praesto sunt mentis aspectibus, sicut ista in locis visibilia corporis sensibus. De trinit. XII. 14.

Zum Beweise dafür, daß Christus diese im Innern wohnende Wahrheit ist, bedarf es nur eines Hinweises auf die Stelle der hl. Schrift: „Ich bin die Wahrheit".

Damit wären die wichtigsten Fragen über diesen Gegenstand gelöst. Wir haben erfahren, was sich Augustinus unter Wahrheit denkt, wo dieselbe wohnt und was sie bewirkt. Ebenso haben wir erkannt, wie sehr die Worte: Einer ist euer Lehrer, Christus, in das System Augustins passen. Die ganze intelligible Welt mit allen ihren Ideen ist hervorgegangen aus der Idee der Wahrheit. Wir erkennen alles Intelligible nur durch die Wahrheit*) d. h. durch Christus: Dextera tua me suscepit in domino meo mediatore filio hominis, ut per eum apprehendam, in quo et apprehensus sum. Conf. XII. 29. Sana oculos meos et congaudeam luci tuae l. c. 31. Evangelium insonuit foris auribus hominum, ut crederetur et intus quaereretur et inveniretur in aeterna veritate, ubi omnes discipulos bonus et solus magister docet. Quis porro nos docet, nisi stabilis veritas? l. c. 8.

Unzählige Stellen in den Schriften Augustins lauten in derselben Weise und es kann nicht wundernehmen, wenn man ihm vorgeworfen hat, er habe die Immanenz Gottes in der Seele gelehrt und sei dem Pantheismus verfallen. Auch muß es selbstverständlich klingen, wenn man behauptet hat, er habe ein unmittelbares Gottesbewußtsein im Menschen angenommen, so daß der menschliche Geist Gott selber schaue. Am meisten spricht für diese Ansicht die Gleichsetzung der Vernunft des Menschen mit der Wahrheit, welch letztere wiederum nichts anderes ist als das allerrealste Sein, von dem alles andere Sein ausgeht. Indessen hätte niemand mehr als Augustinus selber den Vorwurf zurückgewiesen, er habe dem Pantheismus das Wort geredet. Im Gegenteil will Augustinus auf das allerentschiedenste den Unterschied Gottes und der Welt festgestellt wissen. Zu diesem Zwecke hat er die Lehre der Manichäer und falschen Gnostiker in einer eigenen Schrift bekämpft. Die Welt und damit auch der menschliche Geist sind nicht aus dem Wesen Gottes durch Emanation hervorgegangen, sie sind mit freiem Willen von Gott geschaffen und können nicht göttlicher Natur sein, weil sie der Veränderlichkeit unterworfen sind, während bei Gott kein Schatten von Veränderung ist.

Es ist eine andere Frage, ob dem hl. Augustinus der Beweis für die Verschiedenheit Gottes von der Welt auch gelungen sei. Wenn man nur an das Eine denkt, daß die menschliche Vernunft gleich der unveränderlichen Wahrheit gesetzt wurde, so muß man zugeben, daß auf diese Weise eine wesentliche Scheidung zwischen Gott und Mensch nicht mehr stattfinden kann. Wohl kann dieses Argument abgeschwächt werden mit dem Hinweis auf die Unterscheidung

---

*) Immediate nulla creatura interposita menti praesidet. De vera rel. c. 58.

von ratio und ratiocinatio. Erstere könnte nämlich als allgemeine Anlage oder als Verwandtschaft mit der ewigen Wahrheit angesehen werden, womit zugleich auf die Gottebenbildlichkeit des Menschen hingewiesen wäre. Offenbar hatte auch Augustinus diesen Gedanken im Auge, aber er selber hat seine Worte nie in dieser Weise gemildert, sondern er verstand unter dem Innewohnen Gottes in dem menschlichen Geiste mehr als eine bloße Aehnlichkeit zwischen Gott und dem Menschen. Andernfalls hätte er nicht schreiben können: Quidquid intelligit denm, enm deo est. Auch hätte er mit einer bloßen Anlage zur Erkenntnis der Wahrheit die Unsterblichkeit der Seele nicht beweisen können; es war ihm ein kräftigeres Innewohnen des allumfassenden Seins erforderlich, um behaupten zu können, die Seele sei unsterblich, weil sie von der unveränderlichen, mächtigen Wahrheit in ihrer Vernunft beeinflußt werde.

c. Von der Gottesidee.

Viele Stellen in den Schriften Augustins könnten den Anschein erwecken, als ob der Mensch auf mittelbare Weise d. h. durch die sichtbare Welt zur Erkenntnis Gottes gelangen und daß es infolgedessen außer Christus noch andere Lehrer gebe. Es ist nämlich oft davon die Rede, daß die Dinge der Welt ein Abbild der göttlichen Wahrheit, Güte und Schönheit seien. Von diesen wahren, guten und schönen Dingen werde der Menschengeist auf die ewige Wahrheit, auf das höchste Gut und auf die vollendetste Schönheit hingewiesen.

Allein so sehr diese Sätze für die mittelbare Erkenntnis sprechen, im Grunde genommen ist doch nur ein unmittelbares Gottesbewußtsein die Lehre Augustins. Wohl hat der Mensch die Kraft in sich, Gott aus der Welt zu erkennen, aber diese Kraft ist nicht eine bloße Anlage, sondern ein bewußtes Schauen, es giebt eigentlich kein Erkennen Gottes aus der Welt, sondern nur ein Erinnertwerden an Gott durch die Welt. Auf diesem Ausdruck (admoneri, reminisci) liegt die ganze Schwerkraft der augustinischen Erkenntnistheorie. Stände dieser Ausdruck nicht im Wege, dann könnte man eher von einem Schließen oder Lernen aus der Welt reden. So aber ist jede Möglichkeit abgeschnitten, aus den Schriften Augustins die Ansicht zu interpretieren, als gäbe es außer Christus noch einen andern Lehrer der Wahrheit. Aus der Welt kann der Menschengeist nichts Neues auf intelligiblem Gebiete lernen. Er bringt alles Intelligible mit sich und die Welt kann ihn nur an das etwa Vergessene erinnern.

Unsere Aufgabe ist es zwar nicht, die Gottesbeweise Augustins[*]) zu behandeln, allein die Methode, welche der große Kirchenvater anwendet, vermag ein helles Licht auf unser Thema zu werfen. Wir müssen also kurz davon reden, um auch auf diesem Wege zu beweisen, daß es vollständig im System Augustins lag, Christus als den einzigen Lehrer hinzustellen. Viele Geistesarbeit ist darauf verwendet

---

[*]) cf. Storz. l. c. § 19.

worden, daß Dasein Gottes ontologisch zu beweisen. Ohne äußere Erfahrung, allein durch logische Schlüsse und durch das Zeugnis unseres Bewußtseins soll sich die Existenz Gottes ergeben. Mit ebenso großer Entschiedenheit ist dieses Argument bekämpft worden, indem festgestellt wurde, man könne Gott nur an der Hand der Welt erschließen; nur die kosmologischen und physikotheologischen Beweise haben Geltung.

Wie stellt sich Augustinus zu der Sache? Er hält sich zunächst an die intelligible Welt mit ihren Gesetzen und Zahlen, mit ihren Wahrheiten, Gütern und Schönheiten. Das Unwandelbare in den Zahlen kann nur auf eine ewige unwandelbare Wahrheit zurückgeführt werden. Die Welt ist geordnet nach Zahl, Weisheit und Maß. Wie die Ordnung der Zahlen, so liegen auch die Grundsätze der Weisheit vor dem geistigen Blicke aller Menschen. Die Weisheit aber ist nichts anderes als die Wahrheit. Die Wahrheit steht nicht unterhalb unseres Geistes, sonst würden wir über sie und nicht nach ihrer Norm urteilen. Wir haben keine Gewalt über sie, wir können sie nicht meistern und nicht ändern, was wahr ist, bleibt wahr, ohne unser Zuthun. Auch nicht innerhalb unseres Geistes, nicht auf derselben Stufe mit ihm kann sie stehen, denn sonst wäre der Mensch ebenfalls das Maß der Wahrheit. Wie der Mensch, wäre auch sie wandelbar. Der Geist verändert sich in der Erkenntniß des Wahren, aber die Wahrheit wird davon nicht beeinflußt. Vielmehr urteilen wir nach ihr, sie steht also über uns und wir müssen uns nach ihr richten. Diese über uns stehende Wahrheit ist Gott, oder wenn es noch etwas Höheres gäbe, dann wäre dieses Gott. So richtet sich der Geist des Menschen, nachdem er vieles Wahre im einzelnen gesehen hat, immer höher und höher hinauf, bis er die höchste Wahrheit erkennt. Dort findet er seine Ruhe und sein Glück und freut sich im Genusse des höchsten Gutes. Dieselbe Stufenleiter ist einzuhalten, um von den Gütern der Erde zum höchsten Gute, oder von den Schönheiten der Welt zu der vollendetsten Schönheit zu gelangen.

Man ersieht daraus, daß das ontologische Moment in diesen Beweisen vorherrscht. Die Wahrheit, die Zahlen, die Güte, die Schönheit sind nach der allgemeinen Ansicht Gedankendinge oder Abstrakta, sie sind nichts Reales, wie Augustinus meint. Wenn trotzdem von den genannten Abstrakta auf eine Realität, auf ein concretes Wesen geschlossen wird, so teilt der Beweis das Schicksal aller ontologischen Schlußfolgerungen.

Umsomehr wird Augustinus bei seinen Gottesbeweisen auf das ontologische Gebiet gedrängt, weil er lehrt, der Mensch könne Geistiges nur durch Geistiges, d. h. Intelligibles nur durch Intelligibles erkennen. Die Wahrheit ist etwas Intelligibles, also kann sie nicht aus der Welt durch die Sinne des Körpers erschlossen werden. Die Außenwelt kann uns keine Wahrheit lehren, nur der Geist kann sie erfassen, aber auch nicht ohne Weiteres. Wenn ich einen Gegenstand suchen will, so muß ich ihn kennen. Etwas Unbekanntes, nie Gesehenes kann ich nicht suchen und nicht finden, weil ich keinen Begriff davon habe. Soll ich nun die Wahrheit suchen, so kann ich sie nur dann finden, wenn ich schon etwas von ihr weiß*), wenn ich sie schon einmal gesehen habe, so daß sie in meinem Bewußtsein vorgemerkt ist. Um also die Wahrheit zu finden, muß ich etwas von ihr schon haben. Vom Nichts komme ich zu nichts.

Genau wie mit der Erkenntnis der Wahrheit verhält es sich mit der Erkenntnis Gottes. Ich finde ihn nicht, wenn ich nicht schon ein Bewußtsein von ihm habe. Die ganze Welt kann mir Gottes Wesen nicht verkünden, wenn ich nicht eine Ahnung von ihm in meinem Geiste habe. Das Gottesbewußtsein ist der Seele angeboren, darum findet sie den Schöpfer in den Geschöpfen. Diese sind nicht ohne Wahrheit und Schönheit, sie sind Abbilder der ewigen Wahrheit, also können sie mich an mein Bewußtsein vom Wahren und Schönen erinnern.

Jedermann erkennt, daß in diesen Ausführungen zwar mehr bewiesen wird, als nach den Voraussetzungen möglich ist, aber es ist zuzugeben, daß ein überaus fruchtbarer Kern für die Lösung der erkenntnistheoretischen Fragen geboten wird; denn an diesen Argumenten scheitern viele Theorien der späteren Denker, welche dem Menschengeist die Aktivität und Spontaneität absprechen und so weit gehen, die Substanzialität des Geistes zu leugnen. Als ob aus reiner Passivität jemals etwas Aktives hervorgehen könnte? Als ob Materielles geistig oder Lebloses lebendig werden könnte? Soweit wie Augustinus darf man nicht gehen, aber alles Denken und jede Lebensäußerung müßte aufhören, wenn es nicht neben der leblosen Körperwelt eine andere Kraft und eine andere Substanz gäbe, welche wir Geist oder Seele nennen. Augustinus lehrt, es gebe kein Wissen ohne angeborenes Bewußtsein; sicher ist, daß es keine immaterielle Thätigkeit gebe ohne immaterielle Substanz. Der Menschengeist hat keine angeborenen, bewußten Ideen, aber er hat eine angeborene Kraft in sich, so daß er sich auf Anregung der Außenwelt ein sicheres Wissen verschaffen kann. Wie die Außenwelt auf den Geist des Menschen wirke, mag schwer zu ergründen sein. Aber man darf deshalb nicht mit Augustinus behaupten, die Sinnenwelt könne nicht auf den Geist wirken**), zu dem Zwecke, in ihm ein Wissen zu verursachen. Und ebensowenig ist es erlaubt wegen der Schwierigkeit einer Erklärung des menschlichen Wissens, dieses Wissen in Abrede

---

*) Cognitionem praecedit quidquid cognosci potest: nisi enim prius sit quod cognoscatur, cognosci non posset. Cognoscibilia gignunt cognitionem non gignuntur cognitione. Solil. 10.

**) Imaginem (corporis) non corpus in spiritu, sed ipse spiritus in se ipso facit celeritate magna. De gen. XII. 16 und De gen. 24: Corpus non sentit, sed anima per corpus, quo velut nuntio utitur ad formandum in se ipsa, quod extrinsecus nuntiatur.

zu stellen, wie dies die Sceptiker thun. Ganz verfehlt ist es auch, aus dem genannten Grunde sich auf materialistischen Standpunkt zu stellen und den Dualismus zwischen Geist und Körper zu leugnen.

Daß die Erkenntnis der Sinnendinge Schwierigkeiten verursacht, lag zu jeder Zeit in den Gedanken der Philosophen. Nicht umsonst haben die Denker der Neuzeit auf diesen Umstand hingewiesen und analog den alten Weisen der sinnlichen Erfahrung die Kraft abge-sprochen, ein absolut sicheres Wissen zu vermitteln. Weil aber doch der Scepticismus eine zu große Oede für den menschlichen Geist her-vorbringt, darum kann man in der Geschichte der Philosophie stets das Bestreben wahrnehmen, die Gewißheit und Wahrheit der Erkenntnis zu begründen, ohne daß man allein auf das Zeugnis der Sinne angewiesen wäre. In neuester Zeit gründete man diese Gewißheit auf die dem Geiste angeborenen Formen, vermittelst deren ein un-bedingt sicheres Urteil möglich sei. Man sagte, der Geist habe die Kategorien des Wissens in sich und übertrage sie auf die Außenwelt. Das Wissen erlangte seine Gewißheit durch die Beschaffenheit des Geistes. Diesen subjektiven Standpunkt kannte man im Altertume nicht, sondern man ließ den Geist objektiv beeinflußt sein von einer außerhalb seines Wesens existierenden Ideenwelt. Weil die Seele an dieser Ideenwelt teilnehme, darum gelange der Mensch zu einer sicheren Erkenntnis der Wahrheit.

Es ist bekannt, daß sowohl die Methode der neueren als die der alten Philosophen zum Pantheismus geführt hat; denn sobald man beide Systeme bis in ihre äußersten Consequenzen verfolgt, zerfließt das menschliche Wissen mit dem göttlichen oder mit dem Wissen des Alls. Weil Augustinus eine Teilnahme an der intelligiblen Welt lehrte, kann man auch bei ihm Anklänge an den Pantheismus finden. Doch hat er selber die Gefahr erkannt und sich in bestmöglicher Weise gegen solche Consequenzen verwahrt. Am besten ist ihm dies bei seinem Gottesbeweis aus der Veränderlichkeit der Welt gelungen, obwohl er auch hier sein Princip von dem einen göttlichen Lehrer nicht aufgeben will. Faktisch verträgt sich freilich diese Art des Beweises nicht mit seiner Grundanschauung*). Im Gegensatz zu der Unveränderlichkeit der intelligiblen Welt, so führt Augustinus aus, stellt sich uns die Sinnenwelt als veränderlich und wandelbar dar. Jedes wandelbare Ding aber hat doch etwas vom Unwandelbaren an sich, sonst hätte es ja gar keine Stetigkeit und gar keinen Halt. Diese, wenn auch nur relative Stetigkeit empfängt das Ding durch seine Form. Alle Dinge sind durch eine Form bestimmbar. Im ganzen Weltall giebt es aber nichts Ungeformtes oder Unbestimmtes. Dem-nach ist auch unsere Seele geformt und bestimmt. Da sich aber kein

---

*) Mens humana prius haec, quae facta sunt, per sensus corporis experitur et deinde quaerit eorum causas, si quomodo possit pervenire ad eas in verbo Dei manentes et invisibilia ejus, per ea, quae facta sunt intellecta conspiciuntur. De ord. 27.

Ding die Form selber geben kann*), darum muß unsere Seele von einem anderen schon geformten Wesen ihre Form erhalten haben. Dieses Gesetz trifft bei der materiellen wie bei der geistigen Welt zu. Jedes Ding hat seine Form von einem anderen schon geformten erhalten. Damit kann man aber nicht bis ins Unendliche fortfahren, sondern es muß einmal ein Wesen angenommen werden, das seine Form nicht von einem anderen empfangen, sondern sich selbst geformt hat, oder vielmehr unwandelbar und unveränderlich ist. Alle veränderlichen Formen weisen also auf eine unveränderliche hin, aus der wandelbaren Welt wird man zum unwandelbaren Schöpfer geführt, zur unbedingten Urform aller Dinge**). So werden uns die sinnlichen Dinge zu Hilfsmitteln, die Unvergänglichkeit zu erreichen. Die Körperwelt würde in das Nichts versinken, wenn sie nicht durch die Urform getragen und gestützt würde***). Ausdrücklich heißt es in den Confessionen, daß alle Dinge von Gott geschaffen seien. Durch ihr veränderliches Dasein aber bezeugen sie die Existenz eines unveränderlichen Schöpfers.

Diese Beweisführung ist frei von allem Ontologismus, bis endlich die Frage erörtert wird: Woher hat der Mensch die Idee des Unveränderlichen, nach welcher er die veränderlichen Dinge beurteilt? Diese Idee kann nicht aus der Sinnenwelt gewonnen werden, sonst würden wir nicht mit Sicherheit das Unveränderliche dem Veränderlichen vorziehen; wir könnten nicht über das Veränderliche urteilen, wenn nicht die Idee des Unveränderlichen in uns wäre. Veritas intus docet, foris admonet. Weil die Formen der Dinge nicht nur Wahrheit, sondern auch Weisheit verraten und bei der Gestaltung der Dinge die göttliche Vorsehung ihr Walten zu Tage treten läßt, darum wird bei der Beweisführung aus den geformten Dingen der Welt die ewige Wahrheit mit der Weisheit Gottes identificiert.

Auch die Weisheit gehört in das Reich der Intelligibilien und wird auf demselben Wege wie die Wahrheit vom Menschen erkannt. Die Formen der Welt führen uns zur göttlichen Vorsehung und Weisheit. Aber wir haben einen Begriff, eine Idee der Weisheit in unserem Geiste, bevor wir weise sind (notionem sapientiae in mente habemus, priusquam sapientes simus). Der Weg der Weisheit führt zur Glückseligkeit, nach welcher alle streben, ohne sie jedoch zu erreichen, weil sie das höchste Gut falsch auffassen und ihr Herz an die Sinnendinge hängen, die uns die Erkenntnis der Wahrheit und Weisheit erschweren. Es steht fest,

---

*) Nulla res formare se potest. De lib. arb. II. 17.

**) Confitetur itaque ut et corpus et animus forma quadam incommutabili et semper manente formentur. „Mutabis ea et mutabuntur, tu autem idem ipse est et anni tui non deficiunt." De lib. arb. II. 17.

***) Omnia quae sunt, forma penitus subtracta, nulla erunt. Non enim ista essent, si illa non essent. l. c.

daß alle Menschen nach der Glückseligkeit trachten und ebenso sicher ist es, daß sie nach Weisheit streben; sie wollen glücklich und weise sein. Glücklich ist aber nur der Weise; nur wer die Weisheit besitzt, ist im Besitz des höchsten Gutes und der Glückseligkeit; demnach fallen diese drei Begriffe in einen zusammen: Wahrheit ist Weisheit, durch die Weisheit wird man glücklich, also ist sie auch das höchste Gut. Wie die Begriffe der intelligiblen Welt, soweit sie die Erkenntnis betreffen, dem Geiste des Menschen angeboren sind, so ist auch das Streben nach Glückseligkeit dem Geiste des Menschen eingepflanzt.

Mit diesem Streben hat Augustinus einen wirklich realen Boden gewonnen und bei vielen Auseinandersetzungen stützt er sich auf den Trieb nach Glückseligkeit. Man kann sagen, die ganze Speculation des großen Kirchenlehrers ist von dem Verlangen beseelt, glücklich zu werden. Seine Philosophie ist nicht nur Sache des Verstandes, sondern auch des Willens, nicht nur Erkenntnis, sondern auch Leben. Augustin vereinigt das Wissen mit der That, um eben Gott, die unendliche Wahrheit, Weisheit und Güte vollständig zum Mittelpunkt jeder menschlichen Thätigkeit zu machen. Gott erfüllt die ganze Welt und das Innere des Menschen*), der Makrokosmus und der Mikrokosmus sind bis ins Innerste und Kleinste von dem göttlichen Wesen erfüllt. Jegliches Ding und jede Thätigkeit ist von dem höchsten Wesen abhängig und verliert sein Dasein, wenn sich Gott von ihm zurückzieht.

Die alte Anschauung der Philosophen über das allumfassende Wirken Gottes hat Augustinus sich vollkommen zu eigen gemacht. In dreifacher Beziehung tritt nach seiner Meinung dieses Wirken an den Tag: **Gott ist der Urheber alles Seins, er ist das Licht der zu erkennenden Wahrheiten und die Quelle der zu trinkenden Glückseligkeit.** Er ist unser Anfang, unser Licht, unser Gut, effector rerum creatarum, lumen cognoseondarum, bonum agendarum.

Behalten wir für das Folgende diese drei Gedanken im Auge und wir werden die Behauptung Augustins, daß Christus unser einziger Lehrer sei, um so eher verstehen. Zuerst sei die Rede von dem effector, dann von dem lumen und endlich von dem bonum.

1. Christus, der Urheber aller Dinge.

In überaus großartiger Weise führt Augustinus in seiner Schrift über die Trinität III. 4 den Weltzusammenhang vor Augen: „Die dichteren und niederen Körper werden von den feineren und mächtigeren beeinflußt; alle Körper durch die Lebensgeister; die unvernünftigen Lebensgeister sind abhängig von den vernünftigen, die vernünftigen, im Falle sie Gott verlassen und gesündigt haben (de-

---

*) Dignatus es habitare in memoria mea ex quo didici te. Et quid quaero quo loco ejus habitas, quasi vera loca ibi sint: habitas certe in ea, quoniam tui memini, ex quo te didici, et in ea te invenio, cum recordor te. Conf. X. 25.

sertores et peccatores), werden geleitet von den frommen und ge-
rechten und diese von Gott selber, so daß das ganze Universum von
dem Schöpfer beherrscht wird. Nichts geschieht in der Welt, was
nicht von dem inneren, unsichtbaren und intelligiblen Königshof des
höchsten Herrschers befohlen wird." Das Erkenntnisvermögen des
Menschen kann sich dem allwaltenden König nicht entziehen, es tritt
in Thätigkeit nach den von der göttlichen Weisheit vorgedachten
Formen und Gesetzen. Für die Körper- und Geisterwelt ist Gott
das formgebende Princip. Schon die Sinnenwelt participiert an den
göttlichen Ideen und strahlt in dem Lichte der höchsten Wahrheit,
Schönheit und Güte. Viel höher als diese steht der Menschengeist
in der Ordnung des Seins, darum ist sein Anteil an den göttlichen
Ideen ein weit größerer. Jene hat nur Sein und Leben, dieser
Sein, Leben und Intelligenz; jene ist nur ein entferntes Abbild des
Schöpfers, dieser ein wahres Ebenbild und Gleichnis desselben, ohne
jedoch in seiner Veränderlichkeit das ewige und unveränderliche Sein
Gottes zu erreichen*).

Wenn Augustinus die Ansicht vertritt, daß alles Geschehene
in der Welt von Gott seinen Anfang nimmt, so kann er sich dabei
auf die Lehre aller christlichen Theologen berufen. Wir begegnen
nämlich in der natürlichen Theologie einem Lehrsatze, wonach Gott
in der ganzen Welt sein Wirken entfaltet und alle Dinge beeinflußt.
Man nennt dieses Wirken den concursus dei naturalis. Schon
der hl. Paulus hatte geschrieben: In Gott leben wir, bewegen wir
uns und sind wir. Demnach trennt der christliche Theismus Gott
nicht in der Weise von der Welt, daß diese unabhängig von ihm
bestünde. Wohl wird eine Transcendenz Gottes dem Wesen nach,
aber nicht der Wirksamkeit nach behauptet. Diese wirkende Immanenz Gottes umfaßt alle Dinge ohne Ausnahme, überall in der Welt
macht sich der natürliche Concurs Gottes geltend. Auch der Mensch
in seinem Erkennen und Handeln steht unter dem concursus dei
naturalis, er könnte nichts vollbringen, ohne daß Gott ihm das
Wollen und Vollbringen giebt. Wie sich mit dieser allgemeinen Lehre
der Theologen die Freiheit des Menschen verträgt, ist eine bis jetzt
ungelöste Frage.

Bevor wir die Meinung Augustins von der Wirksamkeit Gottes
in der Welt anführen, sei es uns gestattet, daran zu erinnern, daß
es sich bei dem großen Einfluß, den Augustinus der göttlichen Wirksamkeit auf den Menschen einräumt, von selber versteht, daß er in
manchen Stellen seiner Bücher der menschlichen Freiheit zu nahe
tritt. Nicht nur vom Standpunkte seiner Gnadenlehre aus, sondern
auch in Folge seiner philosophischen Anschauung über das Wirken
Gottes in der Welt war für ihn eine Prädestination im Grunde
genommen von selber gegeben. Augustinus machte das Wissen des

---

*) Aliud est esse Deum, aliud participem Dei esse. De civ. Dei XXII. 30.

Menschen, wie dessen Handeln, allzu sehr von Gott abhängig, als daß der Freiheit noch ein Platz eingeräumt werden könnte. Weil nach ihm Christus unns effector rerum ist, darum ist er auch unns magister. Es sei auch hier bemerkt, daß Augustinus nicht überall seinen Principien consequent war; auf dem moralischen Gebiete konnte er es am wenigsten sein, weil er die Freiheit des Menschen nicht preisgeben durfte.

Wenn wir weiter unten das Verhältnis Augustins zu den Stoikern besprechen, wird sich über diese Sache noch mehr Licht verbreiten. Hier müssen wir bemerken, daß sich seine Anschauung von dem concursus dei naturalis auf der Lehre von dem λόγος σπερματικός der Stoiker aufbaut. Wie diese die göttliche Weisheit über die ganze Welt ausgestreut dachten, so kennt auch Augustinus die semina Sapientiae, die sich überall verbreitet finden. Er redet von rationes stabiles oder von formae principales, auch von rationes divinae vivae, unter denen man die innersten Wesensformen verstehen muß*). Es wird denselben ein Wirken principaliter et primordialiter zugeschrieben.

Bei all diesen Ausdrücken ist zu beachten, daß sie von dem intelligiblen oder rationalen Gebiete hergenommen sind. Alle Dinge tragen die rationes sempiternae in sich; ewige Begriffe walten über allen Dingen und ebendarum sind diese für die menschliche Begriffsbildung geeignet, sie haben etwas Intelligibles an sich. Diese ewigen Begriffe sind nach göttlichem Willen das Vorbild, nach welchem die Welt erschaffen wurde. Weil die ewigen Begriffe in der Welt nachgebildet sind, darum kann man sagen: Gottes vernünftiges Wesen ist in den Geschöpfen offenbar geworden, in allen Dingen findet sich die göttliche Weisheit, kein Mensch wird ohne sie geboren, keiner tritt ohne Christus in die Welt.

Es ist wahr, solche Stellen konnten Anlaß geben zu der Behauptung, die Welt sei im allgemeinen nichts anderes als Intelligenz oder Gedanke. Aber die tägliche Erfahrung hätte vor dem übertriebenen Idealismus bewahren sollen. Gedanken finden sich in der Welt, Gedanken sind die Ursache der Welt, aber neben den Gedanken finden sich noch andere, an sich bestehende Wesen, deren Gegensatz zu den Ideen nicht außer Acht gelassen werden darf, wenn man nicht gehaltlosen Träumereien verfallen will. Der Dualismus ist nicht aus der Welt zu schaffen.

Dieses Bestreben lag sicher auch dem hl. Augustinus ferne, als er rationes sempiternae und semina rationis in der Welt feststellte. Er wollte nur dem Rationellen den Vorrang vor dem Sinnlichen eingeräumt wissen. Das Intelligible ist das Formende,

---

*) Sunt enim ideae principales forma quaedam et rationes rerum stabiles et incommutabiles, quae ipsae formatae non sunt sed aeternae ac semper eodem modo sese habentes, quae in ipsa intelligentia divina continentur. Retract. I. 1. cap. 3.

das Sinnliche das Geformte und die oberste unveränderliche Form ist die ewige Wahrheit. Die Welt ist zuerst von Gott gedacht, dann hat der Schöpfer in unsere Seele die Denkkraft gelegt und nachdem diese beiden Bedingungen erfüllt sind, können auch die Menschen Gedanken von der Welt haben. Veritas intus docet.

In der ganzen Natur also sind die Spuren Gottes zu finden, weil er überall mitwirkt und im Kleinen wie im Großen seine Macht walten läßt. Besonders aber im menschlichen Geiste macht sich der concursus dei naturalis geltend, weil die Seele Gott näher steht als andere Geschöpfe. Mit Bezug auf den Einfluß Gottes im Menschengeist ist die Stelle des Psalmisten 4, 7 zu verstehen, wo es heißt: „Das Licht deines Angesichtes ist über uns gezeichnet." Vom göttlichen Geiste ist die intelligible Kraft auf unsern Intellekt übergegangen und zugleich nimmt der Mensch teil an der göttlichen Wahrheit, die sich über alle Dinge verbreitet. So will Augustinus auch die Stelle im Johannesevangelium aufgefaßt haben, wonach Christus das Licht sei, welches jeden Menschen erleuchtet, der in diese Welt kommt. Christus, die ewige Wahrheit und Weisheit, entzieht sich keinem Menschengeist*), so lange sich dieser nicht von ihm abwendet. Alles Wissen ist auf die göttliche Intelligenz zurückzuführen, diese ist lumen rerum cognoscendarum, weil sie auctor rerum creatarum ist. Sein und Wissen entfaltet sich aus der göttlichen Wahrheit, habens species intrinsecus causas efficientes. Wie sehr die Welt von Gott abhängig ist, bezeichnet Augustinus in zusammenfassenden Worten also: Sicut matres gravidae sunt fetibus, sic ipse mundus gravidus est causis nascentium, quae in illo non creantur, nisi ab illa summa intelligentia ubi nec oritur nec moritur aliquid, nec incipit esse nec desinit. De trin. III. 9. Die Ursachen der entstehenden und vergehenden Dinge liegen also nicht in der Welt selbst, sondern in der höchsten Intelligenz, in welcher es kein Werden und kein Untergehen giebt. Das Denken des Menschen, als eines hervorragenden Teiles des Universums, kann von dieser Beeinflussung nicht ausgenommen sein, was sich im Menschengeist zur Vorstellung und zum Wissen gestaltet, kann nur durch den concursus dei naturalis erklärt werden.

2. Christus, das Licht des menschlichen Geistes.

Wiederholt ist schon der Vergleich von dem Lichte gebraucht worden, das unseren Geist erleuchtet. Augustinus bedient sich dieses Bildes so oft, daß man an demselben nicht vorübergehen kann, ohne ein wichtiges Moment seiner Philosophie zu vernachlässigen. Die Besprechung dieses Umstandes wird zur Beweisführung, daß Christus unser einziger Lehrer sei, nicht unwesentlich beitragen. Fragt man, was unter diesem Licht verstanden werde, so erhält man verschiedene Antworten. Im Gottesstaat X. 2 wird aus alten Schriften das Bild

---

*) cf. Wörter, l. c. S. 171. Scipio, des A. Augustinus Metaphysik.

angeführt, wonach Gott der Sonne, der menschliche Geist dem Mond gleichgestellt wird. Wie die Sonne aus eigener Kraft leuchtet, so ist Gottes Wesen aus sich selbst imstande, Licht zu verbreiten. Der Mond besitzt keine eigene Leuchtkraft, sondern empfängt sein Licht von der Sonne. So wäre also die Seele des Menschen, um Licht zu verbreiten, von Gott abhängig. Ohne Gott ist alles in Finsternis gehüllt, auch die menschliche Seele schwebt in dunkler Nacht, wenn sie auf sich selber angewiesen ist. Unter dem Licht, daß in Got seinen Ursprung hat und auf den Menschen übergeht, kann zunächst die Intelligenz oder das Wissen Gottes verstanden werden, durch welches die Erkenntniskraft und das Wissen des Menschen hervorgerufen wird*).

An anderen Stellen wird das göttliche Wissen personifiziert und darunter der Λόγος oder der Sohn Gottes verstanden. Dieser wäre also der Vermittler der Intelligenz an die Menschen; durch den Sohn Gottes, das ewige, absolute Licht, das lumen de lumine, wird der Menschengeist intelligibel. Sehr einladend für Augustinus war es, den Vergleich mit dem Lichte anzuwenden, weil er durch die hl. Schrift dazu ermuntert wurde, wo ja Christus sagt: „Ich bin das Licht der Welt, wer mir nachfolgt, wandelt nicht in Finsternis." Auch die Stelle in der Genesis: „Gott sprach: Es werde Licht", interpretiert Augustinus in dem Sinne, daß der Mensch seine Intelligenz von Gott empfangen habe. Den hl. Johannes den Täufer, von welchem gesagt wird, daß er nicht das Licht gewesen sei, sondern nur Zeugnis vom Lichte geben sollte, stellt Augustinus dem Logos gegenüber, um den großen Unterschied zwischen dem göttlichen und menschlichen Wissen hervorzuheben. Rationales mentes non habent veram lucem suam, nisi ipsum Verbum Dei, per quod facta sunt omnia. Im Anschluß an eine Erklärung der drei göttlichen Tugenden schreibt dann Augustinus also: Die Tugenden des Glaubens und der Hoffnung seien zwar etwas Intelligibles, denn sie seien weder Körper, noch haben sie körperliche Gestalt. Dennoch seien sie im ewigen Leben nicht mehr notwendig. Notwendig brauche man dagegen auch im Jenseits das Licht selbst (im Unterschied vom Glauben), durch welches die Seele erleuchtet werde, damit sie alles entweder in sich selbst, oder in jenem Lichte wahrhaft intellektuell begreife. Denn jenes Licht sei Gott, „die Creatur aber zapple in Schwäche umher", wenn sie den Versuch mache, jenes Licht zu schauen.

Auf Grund dieser Anschauungen verstehen wir auch, wie Augustinus in der Schrift de magistro behaupten konnte: „Wir reden von dem, was wir gegenwärtig schauen in jenem inneren Lichte der Wahrheit, durch welche der innere Mensch erleuchtet wird." Es muß auffallen, daß Augustinus hier wie an anderen Stellen den Begriff „Wahrheit" mit dem Begriff „Licht" identifiziert; denn, wenn das Licht der Wahrheit im menschlichen Geiste und die Wahrheit gleich

---

*) Quod scio, te lucente scio. Deus intelligibilis lux, in quo et a quo et per quem intelligibiliter lucent omnia. Solil. I. 1.

ihrem Lichte ist, dann ist eben auch die Wahrheit d. h. Christus dem Geiste immanent: O veritas, lumen cordis mei!

Indessen wird nicht nur Christus, sondern auch der Menschen= geist mit einem Licht verglichen. Darum ist die Gefahr einer Ver= schmelzung des unerschaffenen mit dem erschaffenen Lichte nicht aus= geschlossen und man kann jene Männer verstehen, welche behauptet haben, Augustinus lehre eine unmittelbare Gotteserkenntnis. Der Ver= gleich mit dem Lichte führte sogar dahin, daß man Augustinus die Ansicht zuschrieb, er lasse den Menschen alle Dinge in Gott schauen. Doch hat er selber das Schauen im göttlichen Lichte Solil. I, 8 folgendermaßen er= klärt: Gott ist intelligibel und die Ideen von den allgemeinen Wissen= schaften sind es ebenfalls, aber mit einem großen Unterschiede; denn die Erde ist sichtbar und das Licht, aber die Erde nur dann, wenn sie von dem Lichte erleuchtet ist. So sind auch die Begriffe der allgemeinen Wissenschaften nur dann intelligibel, wenn sie von ihrer Sonne d. h. von Gott erhellt werden. Drei Dinge muß man bei der körperlichen Erleuchtung unterscheiden: Das erleuchtete Ding, den Glanz des Lichtes und die Sonne, von welcher das Licht ausgeht. Aehnlich müssen auf intelligiblem Gebiete Gott, die Ideen der Wissenschaften und der menschliche Geist auseinander gehalten werden. Augustinus will also kein Ineinanderfließen des geschaffenen und des unerschaf= fenen Lichtes, er will nur constatieren, daß ohne Gott keine Erkennt= nis möglich ist. „Die Seele des Menschen ist, obwohl sie Zeugnis giebt von dem Lichte, selber nicht das Licht, sondern das Wort Gottes, Gott ist das wahre Licht, welches alle Menschen erleuchtet." Conf. VII, 9.

Weil so oft die Rede ist von einer Teilnahme des menschlichen Geistes an dem ewigen Lichte und überhaupt an der intelligiblen Welt, so möge auch dieser Ausdruck mit den Worten Augustins er= klärt werden. „Unsere Erleuchtung ist die Teilnahme an dem Worte Gottes, jenes Lebens nämlich, welches das Licht der Menschen ist. Du wohnst vollständig in dieser Teilnahme. Die geringe Befähig= ung kommt von der Befleckung durch die Sünde. Indem das Wort Gottes teilgenommen hat an unserer Sterblichkeit, können wir der Gottheit teilhaftig werden. Durch den Weg, den die Niedrigkeit des Eingebornen vom Vater gebahnt hat, werden wir mit dem Lufthauch der Wahrheit besprengt." De trin. IV. 3.

Augustinus vertritt also hier die Anschauung, daß der Mensch, wenn er sündelos sei, von der göttlichen Wahrheit erleuchtet werde. Durch den Sündenfall sei die Intelligenz der Seele gehindert wor= den. Der Sohn Gottes mußte unsere Natur annehmen, um das alte Verhältnis wieder herzustellen. Der menschgewordene Logos reinigt uns von Schuld und Sünde und wir können durch seine Vermittelung wieder teilnehmen an der intelligiblen Welt. Daraus folgt mit Con= sequenz der Satz: Christum id esse lumen, quod ipsa anima non est, sed a quo creata est et quo intelligibiliter illuminante intelligibiliter lucet.

Mit aller Entschiedenheit wird auch im Gottesstaat XII, 2 die unmittelbare Belehrung durch Christus hervorgehoben und die Mittlerschaft des Erlösers betont: „Es ist etwas Großes und überaus Seltsames, mit der Erkenntnis des Geistes die veränderliche Natur zu überschreiten und zur unwandelbaren Substanz Gottes zu gelangen und dort aus ihm selbst zu lernen, daß nur er die Gesamtnatur gemacht hat, die sein Wesen nicht teilt. So redet nämlich Gott mit dem Menschen, nicht durch eine andere körperliche Kreatur, noch durch eine geistige, welche eine körperliche Gestalt angenommen hat; sondern er redet durch die Wahrheit, nicht durch einen Körper, wenn einer geeignet ist, mit seinem Geiste zu vernehmen. Zu jenem Teil des Menschen redet Gott, welcher den Vorzug vor den anderen Teilen hat und welchen nur Gott allein überragt. Wenn nämlich der Mensch mit seinem Geiste erkennt, ist er dadurch dem höchsten Gotte näher gestellt als mit andern Seelenkräften, die er mit dem Tiere teilt. Weil die Intelligenz der Menschen durch die Sünde gelitten hat, darum ist die Wahrheit selber, Gott, Gottes Sohn Mensch geworden. Jesus Christus ist der Mittler zwischen Gott und Mensch."

Stellt man neben diese Ausführung die ander De gen. XII. 16, so tritt der Idealismus des hl. Augustinus im Gegensatz zum Empirismus sehr deutlich zu Tage. Auch hier wird die unmittelbare Einwirkung der personificierten Wahrheit oder der zweiten göttlichen Person gegenüber den sinnlichen Eindrücken hervorgehoben. Falls einer geeignet sei, die Wahrheit in seinem Geiste zu vernehmen, rede diese unabhängig von jedem Körper zum Geiste des Menschen. Sollte jemand gegen diese Aufstellung Bedenken haben, so müsse er sich klar machen, daß der Körper durchaus nichts im Geiste wirke. Es sei verkehrt, zu meinen, der Geist sei dem Körper als dem thätigen Princip unterworfen und erleide irgend welchen Einfluß von dieser Seite. Woher aber die Bilder, die Vorstellungen der Körper in dem Geiste, wenn sie nicht durch die Sinne eingedrungen sind? Augustinus giebt eine erstaunliche Antwort auf diese Frage. Um sein Princip von der Ueberlegenheit des Geistes über den Körper zu retten, sagt er, die Bilder der Körper bringe der Geist selber in sich hervor: Quamvis ergo prius videamus aliquod corpus, quod antea non videramus, atque inde incipiat imago ejus esse in animo nostro, quo illud cum absens fuerit recordemur, tamen eandem imaginem non corpus in spiritu, sed ipse spiritus in se ipso facit celeritate mirabili. De gen. XII. 16.

Man mag also noch so sehr sich bemühen, Augustinus einigermaßen wenigstens zum Empiriker zu machen, und man mag andere Stellen aus seinen Schriften anführen, aus welchen es den Anschein gewinnen könnte, die Sinnenwelt habe dem menschlichen Geist irgend etwas zu sagen, solche Sätze sind nicht beweisend, weil sie nicht verträglich sind mit Augustins Grundanschauung von dem unmittelbaren

Einfluß der ewigen Wahrheit auf unseren Geist. Dies ist in klaren Worten Conf. VI, 10 ausgesprochen: Me autem jam docueras, Deus meus, miris et occultis modis; et propterea credo quod tu me docueris, quoniam verum est, nec quisquam praeter te alius est doctor veri, ubicumque et undecumque claruerit.

Soviel muß man einräumen, thatsächlich fühlte Augustinus, daß sein Idealismus weder vor der Vernunft, noch vor dem christlichem Dogma bestehen könne. Darum suchte er sich mit beiden zu vertragen. Weil die skeptische Philosophie überwunden werden sollte, wurde der sinnlichen Erkenntnis die Sicherheit nicht ganz abgesprochen, wenn auch der Grad ihrer Gewißheit ein viel geringerer ist als der der intellektuellen Erkenntnis. Es entsteht aus den körperlichen Dingen mehr ein Glauben als ein durchsichtiges, klares und bestimmtes Wissen. Weil die hl. Schrift lehrt: Invisibilia Dei per ea quae facta sunt intellecta conspiciuntur, mußte Augustinus viel von der Erkenntnis Gottes aus der Welt reden. Fände sich der angeführte Satz nicht im christlichen Dogma, dann wäre Augustinus ein viel entschiedenerer Idealist und mancher Widerspruch wäre ihm nicht zugestoßen.

3. **Christus, das Ziel des menschlichen Herzens.**

Das Schwankende der Lehre Augustins tritt klar zu Tage an jener Stelle, wo er den menschlichen Geist auf sieben Stufen bis zur Erkenntnis und Anschauung Gottes emporsteigen läßt[*]). Auf der ersten Stufe unterscheidet sich der Mensch nicht von den Tieren, denn er wächst, ernährt sich und entsteht wie diese. Steigt man etwas höher, so tritt auch hier noch keine Scheidung zwischen den animalischen Wesen ein, denn alle sind mit Sinnen begabt und sammeln sich in ihrem Gedächtnis eine Menge von Vorstellungen. Erst auf der dritten Stufe bleiben die Tiere hinter den Menschen zurück, denn diese wissen die Sinneseindrücke besser zu verwerten. Sie ersinnen Handwerkszeuge, bauen Städte, erfinden die Sprache und die Schrift. Sie organisiren auf Grund der Familie ein Gemeinwesen, gelangen so zu den Künsten des Krieges und des Friedens, veranstalten Spiele und üben sich in der Beredtsamkeit, wie in der Dichtkunst, ziehen aus der Vergangenheit Lehren für die Zukunft. Das alles vi excogitandi et ratiocinandi. An dieser Thätigkeit nehmen Gelehrte und Ungelehrte, Gute und Schlechte Anteil. Eben dieser Umstand spricht aber dafür, daß der Mensch, um zu seinem eigentlichen Ziele zu gelangen, noch eine Stufe höher zu steigen hat. Er muß sich nämlich einer sittlichen Läuterung und Reinigung unterziehen. Dies geschieht besonders dadurch, daß er sich frei und unabhängig macht von den genannten Dingen und dieselben mit Geringschätzung behandelt.

So wird er erst zur richtigen Schätzung der menschlichen Ge-

---

[*]) cf. Aug. de quant. animae. Storz l. c. § 19. Ueberweg, Geschichte der Phil. II. § 16. 4 Aufl. 1871.

sellschaft gelangen, wird den Nächsten lieben wie sich selbst und wird zu dem Glauben sich erheben, daß Gott durch jene Dinge zu ihm spreche. Weil dies alles noch unvollkommenes Streben in sich schließt, so muß auf der fünften Stufe die Läuterung vollendet werden. Auf diese Weise gelangt man zu einer großen Ruhe und Sicherheit und man darf es jetzt wagen, seine Gedanken mit unerschütterlichem Vertrauen zu Gott zu erheben. Die Befestigung im Guten führt zur Betrachtung und Anschauung der Wahrheit. Damit hat man den sechsten Grad der Vollendung erreicht und man sehnt sich nach dem höchsten An= blick, der von nichts in der Welt übertroffen werden kann. Nachdem das Herz gereinigt ist, steht der Mensch auf einer solchen Höhe der Erkenntnis, daß es kein Irren und Ablenken mehr giebt. Er kann noch eine Stufe höher steigen und gelangt zur Anschauung Gottes als einem bleibenden Zustande. Man fürchtet hier den Tod nicht mehr, sondern man sehnt sich, durch die Flucht aus dem Körper zur Vereinigung mit der Wahrheit zu gelangen.

Mit dieser Darstellung ist das Grundgesetz der christlichen My= stik gegeben, welche auf den Stufen der Reinigung und Vollendung zur Vereinigung mit Gott zu gelangen strebt. Aber nachdem dem menschlichen Geiste auf der dritten Stufe ein so großes Gebiet der Thätigkeit angewiesen wurde, hätte man erwarten sollen, daß Augu= stinus jene Dinge zum Mindesten als wissenswert hinstellen würde. Dort, wo das eigentlich menschliche Schaffen beginnt, wo die Ratio= cinatio sich nach eigenem Geständnis Augustins als thätig erweist, müßte doch ein intelligibles Erkennen stattfinden. Indessen wird alsbald der rein menschliche Standpunkt verlassen und ein Feld der menschlichen Erkenntnis betreten, auf welchem nur die sittlich guten Menschen Aussicht auf Erfolg haben.

Auf dieser Stufe werden nicht mehr die natürlichen Kräfte des menschlichen Erkenntnisvermögens gewertet, sondern das übernatür= liche Leben der Gnade allein ins Auge gefaßt und einem Ziele zu= gesteuert, das nur auf wunderbare Weise zu erreichen ist. Dieses übernatürliche und wunderbare Moment wird zur Regel gemacht, als ob wenigstens die sittlich geläuterten Geister zum mystischen Schauen Gottes gelangen müßten. Damit ist eine Scheidewand zwischen den Guten und Bösen aufgerichtet, die sich auf philosophi= schem Gebiete nicht halten läßt. Aber Augustinus hält in allen sei= nen Schriften an dieser Anschauung fest, fragt man ihn, warum nicht alle Menschen zur Erkenntnis, zum inneren Schauen der Wahr= heit gelangen, warum sie in ihrem Geiste den irrtumslosen Lehrer des Intelligiblen nicht wahrnehmen, so antwortet er stets: Weil ihr Geist nicht geeignet und ihr Herz nicht geläutert ist. Kranke Augen vermögen das Sonnenlicht nicht zu ertragen und böse Menschen kön= nen den im Innern lehrenden Christus nicht fassen*).

---

*) Deus, qui nisi mundos verum scire voluisti! Sol. I. 1, 2. Deus quem nemo invenit nisi purgatus! l. c.

Große Schwierigkeiten mußten sich aus solchen Lehren für die Philosophie ergeben*). So sehr Augustinus sich bei seinen Beweisen auf die alten Philosophen stützt, so wenig durfte er ihnen die Erkenntnis der Wahrheit zusprechen; denn sie, die Christus gar nicht kannten oder sich absichtlich von ihm ferne hielten, konnten ihn nicht zum Lehrer haben. Und doch haben sie soviel des Wahren gewußt, daß Augustinus zu ihnen in die Schule ging! Er konnte also ihr Wissen nicht erklären, außer er bediente sich des Ausweges, daß er sagte, die heidnischen Philosophen haben Christus in außerordentlicher Weise zum Lehrer gehabt. Während dies bei den sittlich geläuterten Christen von selbst versteht, war es bei jenen ein gnadenreiches, außergewöhnliches und unverdientes Geschenk Gottes.

Aber selbst bei den christlichen Denkern mußten sich auf dem Standpunkt Augustins Schwierigkeiten erheben. Er mußte nämlich wohl zu unterscheiden zwischen dem lumen naturae, dem lumen gratiae und lumen gloriae. Auch kannte er die Lehre der Kirche, wonach der Mensch nicht auf Grund des natürlichen Lichtes seiner Vernunft, ja nicht einmal vermöge der Gnade hier auf Erden zur Anschauung Gottes gelangt, erst nach dem Tode wird dem Menschen das lumen gloriae zu Teil; nur ausnahmsweise und auf wunderbare Erleuchtung hin kann der Mensch auf Erden Gott schauen**). Und doch redet Augustinus so oft von einer visio veritatis, von einem geistigen Auge, mit welchem wir Gott, die ewige Wahrheit schauen, von einem inneren Lichte, das den Menschen erleuchtet, um die intelligible Welt zu erkennen.

Nach der Glaubenslehre durfte er keine Anschauung Gottes in diesem Leben behaupten. Seine Ausdrücke lassen sich aber dahin denken. Zudem hat er sich mit dem mystischen Gedanken der übernatürlichen Erkenntnis Gottes so sehr vertraut gemacht, daß derselbe in vielen Ausführungen zur Geltung kommt. Oft werden rein menschliche Gedanken mit übernatürlichen verschmolzen. Die Philosophie war dem hl. Augustinus so sehr mit der Theologie verwandt, daß er nicht verpflichtet zu sein glaubte, eine reinliche Scheidung eintreten zu lassen. Nur so erklärt es sich, warum er beharrlich

---

*) Diese Schwierigkeiten hat auch Hassner erkannt. Doch sagt er in seiner Gesch. der Phil. S 357 entschuldigend: „Ebensowenig (wie durch die Aehnlichkeit der augustinischen mit der platonischen Ideenlehre) darf man sich über die Lehre Augustins dadurch täuschen lassen, daß er zuweilen in sehr weitgehenden Ausdrücken die Vollkommenheit der Erkenntnis Gottes von der sittlichen Reinheit der Seele und ihrer Reinigung durch die Gnade abhängig macht." Wenn man Augustinus von Plato trennen will, dann wird dessen Lehre ganz unverständlich. Plato hatte den sittlich Unreinen die Erkenntnis der Wahrheit abgesprochen, darum thut es auch Augustinus, trotz der widersprechenden Thatsachen.

**) Nunc illud quaerimus, qualis sis amator sapientiae, quam castissimo conspectu atque amplexu, nullo interposito velamento quasi undam videre ac tenere desideras, qualem se illa non sinit nisi paucissimis et electissimis amatoribus suis. Sol. I. 13.22.

an der Ueberzeugung festhält, Christus sei unser einziger Lehrer. Weil wir aber in diesem Leben nicht zur Anschauung Gottes gelangen und die ewige Wahrheit d. h. Christus unserem natürlichen Erkenntnisvermögen nicht unmittelbar gegenwärtig ist, darum konnte Augustinus streng genommen keine volle Erkenntnis der Wahrheit verteidigen. Sein Herzenswunsch ging wohl darauf hin, der mystischen Vereinigung mit Christus teilhaftig zu werden, aber er konnte doch für das ordnungsmäßige Erkennen des Menschen ein solches Schauen nicht behaupten.

Darum hätte er eigentlich darauf verzichten müssen, dem Menschengeist die Erkenntnis der Wahrheit zuzuschreiben. Doch war es für ihn undenkbar, daß die Wahrheit dem Menschen unzugänglich sei. Wenn er darum sich genau ausdrückte, gab er zu, daß der Mensch, so lange er auf Erden, in der Fremde pilgere, nur ein unvollständiges Erkennen der Wahrheit erlangen könne. Nicht von Angesicht zu Angesicht, wie es eigentlich nach ihm consequent hätte sein müssen, können wir Gott schauen, sondern nur wie im Spiegel. Wir sehen nicht die Sonne der Wahrheit selbst, sondern nur einen Abglanz derselben. Peregrinamur mortali et corruptibili onere gravati, quamdiu per fidem ambulamus non per speciem. De gen. 18. Es ist ganz unverträglich damit, wenn Augustinus schreibt: Quando fueris talis, ut nihil te prorsus terrenorum delectet, mihi crede, eodem momento, eodem puncto temporis videbis, quod cupis. Solil. I. 24

Sein unaussprechlich großes Glück von den Skeptikern und Manichäern befreit worden zu sein, hat ihm wahrscheinlich manchmal die Feder geführt, so daß er von einer inneren Wonne, gleich einer Verzückung, reden konnte. Damit müssen wir verbinden sein von Liebe glühendes Herz und seine überschwengliche Phantasie, die sich oft in grandiosen Bildern ergeht. Das alles läßt es begreiflich erscheinen, wie Augustinus zur Meinung gelangen konnte, wirklich des Glückes teilhaftig geworden zu sein, die ewige Wahrheit im Geiste zu schauen. Wir verweisen noch auf das siebte Buch der Confessionen cap. 17, wo es heißt: Animus erexit se ad intelligentiam suam, ut inveniret, quo lumine aspergeretur. Et pervenit ad id, quod est, in ictu trepidantis aspectus. Tunc vero invisibilia tua intellecta conspexi; sed aciem figere non evalui.

Ebenso mystisch klingt es, wenn Augustinus das intelligible Erkennen mit dem dritten Himmel vergleicht, in welchen St. Paulus versetzt worden ist: Quapropter hoc tertium genus, quod superius est omni corporali et omni spirituali, tertium coelum appellavit apostolus; in hoc videtur claritas dei cui videndae corpora mundantur. De gen. XII. 28. Augustinus ist also nicht damit zufrieden, die intelligible Welt in seinem Geiste zu besitzen, er will Gott selber intellektuell wahrnehmen, sei es auch nur für einen kurzen Augenblick. Die Klarheit Gottes will er schauen, darum erhebt er sich über die Kreatur, gleich dem hl. Paulus, um im dritten Himmel das Ziel seiner Sehnsucht zu finden.

Auch hier findet man, daß Augustinus bei all seiner Spekulation von dem Gedanken getragen ist, unsere geistige Thätigkeit auf intellektuellem, moralischem, ästhetischem und mystischem Gebiet gehe aus einer Teilnahme an dem göttlichen Wesen hervor. Der Menschengeist sei auf das innigste mit Gott verbunden, ohne mit ihm eins zu sein. Aus dieser Verbindung leitet sich die Erkenntnis des Menschen von der untersten bis zur höchsten Stufe ab. Nicht umsonst heißt Gott „das Leben unseres Lebens", „das Licht unseres Lichtes*)". Schon bei der Begründung der Gewißheit des Selbstbewußtseins haben wir es erkannt und ganz besonders in seinen mystischen Auseinandersetzungen tritt es hervor: Es giebt einen angeborenen Grundzug des Wissens, die Teilnahme an der Wahrheit. Das Schauen der körperlichen Augen wird übertragen auf die Kräfte der Seele, und wenn der Mensch sittlich befähigt ist, dann schaut er mit den Augen seines Geistes Gott selbst. In innigster Liebe umfaßt er das erlangte Glück und findet in der Vereinigung mit Gott die ersehnte Ruhe. „Unser Herz ist unruhig, bis es ruhet in dir", damit ist das sehnlichste Verlangen ausgedrückt, ganz mit Gott vereinigt zu sein und in seinem Schauen Ruhe zu finden.

Bei seinem Aufstieg zu dieser höchsten Stufe der mystischen Vereinigung hatte Augustinus die sinnliche Erkenntnis zwar nicht ganz außer Acht gelassen, wenn er derselben auch nicht die gebührende Würdigung schenkte. Nachdem er aber oben angekommen war, glaubte er, der Sinnenwelt ganz entbehren zu können. Hier tritt die Geringschätzung der ersten Stufen der Erkenntnis vollständig zu Tage und so sehr ist er in die intelligible Welt und in Gott versenkt, daß er gänzliche Losschälung von aller sinnlichen Erkenntnis verlangt, um desto leichter das übersinnliche Licht auf sich einwirken lassen zu können. In der mystischen Anteilnahme an der ewigen Wahrheit kann er ungehindert Christus als den einzigen Lehrer betrachten.

Nicht nur für sich, sondern für die ganze Welt hat Augustinus in dieser Anschauung den einzigen festen Punkt aller Ruhe und alles Friedens gefunden. Für ihn steht diese Wahrheit so sehr im Mittelpunkt der ganzen Welt, daß er glaubt, wenn alle Menschen zu derselben Ansicht gekommen seien, werde vollständige Harmonie auf allen Gebieten eintreten: Christus bringt den Frieden zwischen Leib und Seele, zwischen dem unvernünftigen und vernünftigen Wesen, zwischen dem menschlichen Wissen und Handeln, zwischen den Familien und dem Staate. Sobald man allgemein die ewige Wahrheit gefunden und in Vereinigung mit ihr getreten ist, wird der Friede des himmlischen Gottesstaates anbrechen, wo die Gemeinschaft aller einträchtig geregelt ist und ungestörtes Genießen Gottes statt-

---

*) Deus intelligibilis lux, in quo et a quo et per quem intelligibiliter lucent, quae intelligibiliter lucent omnia! Sol. I. 1,3.

finden wird. Christus ist der Friede und der Friede ist die ruhende Ordnung aller Dinge (cfr. Gottesstaat XIX. 13).

III.

Die Anschauung Augustins, daß Christus unser einziger Lehrer sei, zieht sich also wie ein roter Faden durch alle seine Schriften hin. Es wäre aber irrtümlich, zu glauben, unser Philosoph wäre zu seiner Lehre nur allein durch die hl. Schrift veranlaßt worden, vielmehr muß zugegeben werden, daß in erster Linie die philosophischen Systeme, auf welchen Augustinus fußte, ihn zu der Schrift de magistro und zu seiner eigentümlichen Erkenntnislehre geführt haben.

Wohl hat er die Lehren seiner Vorgänger gründlich in seinem Geiste verarbeitet und denselben ein christliches Gepräge gegeben, aber er darf nicht als der Begründer eines neuen Systemes angesehen werden, vielmehr wurzelt seine Philosophie vollständig in den Anschauungen der Vorzeit und auch der Satz von Christus als dem einzigen Lehrer ist ihm, wenn auch in einem anderen Gewande und mit anderen Namen, von früheren Philosophen übermittelt worden. Wir nennen hier Heraklit, Anaxagoras, Sokrates, Plato, Aristoteles, die Stoiker, Philo und vor allen andern Plotin.

In den Systemen aller dieser Männer nimmt die Logoslehre einen hervorragenden Platz ein und alle machen die Erkenntnis des Menschen mehr oder weniger vom Logos abhängig, sie betrachten Gott als die Bedingung und Ursache des menschlichen Wissens. Damit ist für Augustinus viel gewonnen. Noch höher steigt sein Ansehen, wenn wir bedenken, daß er im Mittelalter eine unerschütterte Autorität bewahrte und daß selbst die Philosophen der Neuzeit vielfach von ihm abhängig sind. Nicht zum wenigsten war dies gerade auf erkenntnistheoretischem Gebiete der Fall. Wenn das theologische Moment die meisten philosophischen Systeme des Mittelalters und der Neuzeit beeinflußte, so ist dies hauptsächlich dem Ansehen Augustins zuzuschreiben. Wenn sodann bei vielen Philosophen das Erkennen des Menschen von Gott abhängig gemacht wird, so ist auch hier Augustinus Veranlassung gewesen.

Deshalb kann Augustinus, wie jeder große Philosoph, nur historisch verstanden werden. Indem wir uns vorbehalten, das geschichtliche Verständnis seiner Erkenntnistheorie in einem besonderen Aufsatze klar zu legen, müssen wir aus Mangel an Raum uns hier darauf beschränken, die unmittelbaren Quellen namhaft zu machen, aus welchen er seine Ansicht schöpfte. Dazu gehört vor allen der Neuplatoniker Plotin, sodann die Stoa und endlich Philo.

Plotin (204—269 n. Chr.).

Bevor Augustinus die Philosophie Plotins kennen lernte, war er Anhänger der Manichäer. Diese hatten sich Gott als körperlich ausgedehntes Wesen vorgestellt und waren nicht imstande gewesen, sich zu der Idee Gottes, als eines immateriellen Wesens emporzuarbeiten. Neun Jahre lang ließ sich Augustinus von der Sekte der Manichäer festhalten Er fühlte wohl in seiner Seele den Wunsch, auf eine höhere Stufe der Gotteserkenntnis zu gelangen. Immer und immer versprachen ihm seine manichäischen Lehrer, sie werden mit der Zeit seinen Wissensdurst stillen, allein niemals wurde das Versprechen eingelöst. Enttäuscht wandte sich Augustinus von den Manichäern ab und verfiel dem Zweifel der neueren Akademiker, mit welchen er zum Verzicht auf die Erkenntnis der Wahrheit und so zur Ruhe zu gelangen hoffte. Er warf das Wenige, das er noch besaß, über Bord und wollte dem Skepticismus sich ergeben. Doch die Eigenart seines Geistes ließ ihn nicht zur Ruhe kommen und es blieb ihm auch in dieser Periode seines Lebens der unersättliche Trieb, die Wahrheit zu erkennen und einen absolut festen Grund des Wissens zu finden.

In diesem Streben gelangte er zu dem System der Neuplatoniker, an deren Spitze Plotin*) gestanden hatte. Dieser vertrat eine edlere Gotteslehre als die Manichäer, indem er sich Gott als ein unsichtbares, unkörperliches, unendliches Wesen vorstellte. Nicht extensiv unendlich sei Gott, sondern sein Wesen sei unabhängig vom Raume, intensiv unermeßlich und unendlich vollkommen. Um zu diesem Begriffe Gottes zu gelangen, müsse man sich vollständig abwenden von der Außenwelt, nur im Innern der Seele könne man Gott finden.

Während Augustinus vorher Gott als ein im Raume ausgedehntes Wesen vorgestellt hatte, war es ihm, als ob beim Vernehmen der plotinischen Lehre ein Licht in seinem Geiste aufgegangen sei; er wandte sich schnell von der materiellen Vorstellung ab und vertiefte sich in die geistige Substanz, die ihm vorher unbekannt war: „Ich trat in mein Inneres ein und sah mit dem Auge meiner Seele, über meinem Geiste das unwandelbare Licht, nicht ein dem Fleisch erscheinendes Licht, auch nicht so, als ob es heller leuchte und durch seine Größe das Ganze erfülle. Dieses Licht war ganz anders und von all dem verschieden. Auch war es nicht über meinem Geiste, wie das Oel über dem Wasser, noch wie der Himmel über der Erde, sondern es war höher, weil es mich geschaffen, und ich war niedriger, da ich von ihm erschaffen wurde. Wer die Wahrheit kennt, kennt es, und wer es kennt, kennt die Ewigkeit. Die Liebe kennt dieses Licht. O ewige Wahrheit und wahre Liebe und liebe Ewigkeit! Du bist es mein Gott." Conf. VII. 10. „Nachdem du das Haupt des Unwissenden in Pflege genommen und meine Augen geschlossen hattest, damit sie die Vergänglichkeit nicht sehen, da kam ich ein wenig zur Ruhe und mein Wahnsinn schlief ein und ich wachte auf in dir und schaute dich in der Unendlichkeit, anders als sonst; und dieses Schauen entstammte nicht dem Fleische." Conf. VII. 20.

*) Ueberweg, l. c. I, § 68; Baumann, Geschichte der Phil. S. 137 ff.

Nachdem Augustinus zu diesen Anschauungen gelangt war, forschte er weiter in den Schriften Plotins und gelangte allmählich zum Christentum. Die Brücke von dem heidnischen Philosophen zu Christus bildet die Lehre Plotins über den Logos. Zwar nannte Plotin das aus Gott hervorgehende Wesen nicht Logos, sondern νοῦς oder Vernunft. Doch glaubte Augustinus in dem Nus so viel Aehnlichkeit mit dem Logos zu finden, daß er beide mit einander identificierte. Plotin meinte in dem Nus eine Zweiheit, nämlich das Sein und das Denken, annehmen zu müssen. Die Zweiheit aber ist nicht das höchste Wesen, sondern sie setzt eine Einheit voraus und ist aus dieser hervorgegangen. Demnach ist die Einheit (ἕν) das oberste göttliche Wesen. In dieser Einheit ist alles, das Sein und das Denken, vereinigt, sie erzeugt alles und ist ein überfließendes Sein. Das erste Erzeugnis ist die Vernunft, der Nus. Im Nus sind die verschiedenen Ideen, er umfaßt die intelligible Welt und entläßt aus sich die Weltseele mit den Einzelseelen der Menschen. Die Weltseele bringt auch die Körperwelt hervor, in welche die Einzelseele eingeschlossen wird.

Durch ihre weite Entfernung hat die Einzelseele ihren Vater vergessen. Ihre Aufgabe ist es, zu Gott zurückzukehren. Durch die Tugend soll sie sich läutern. Zuerst beginnt sie mit dem Studium der Mathematik als der Vorstufe zu den rein intelligiblen Wissenschaften der Ideen. Auch die Philosophie unterstützt die Seele in ihrer Trennung von der körperlichen Welt. Immer höher steigt der menschliche Geist, um von der Philosophie zur Erkenntnis des Göttlichen zu gelangen und auf diesem Wege vergißt er das Irdische und Sinnliche, so daß die Tugend leicht ihren Einzug in das Herz halten kann. Von den sittlichen Tugenden gelangt er zu den göttlichen, wird immer mehr verinnerlicht, immer mehr Geist und Vernunft. Zuletzt ruht die menschliche Vernunft in der göttlichen. Das überlegende und schließende Denken hört auf, der Mensch ist vereinigt mit Gott und schaut ihn von Angesicht zu Angesicht*).

Die Lehre Plotins schließt also in der mystischen Ekstase und in der seligen Vereinigung mit Gott. Diese Consequenz konnte nicht ausbleiben, nachdem einmal die Lehre aufgestellt war, daß aus dem Nus die Weltseele und die Einzelseele mitsamt der Körperwelt hervorgehe. Die menschliche Seele als Ausfluß, als Theil des Nus, konnte nur in diesem ihr Endziel wieder finden.

Augustinus ist in seiner Behauptung, daß Christus unser einziger Lehrer sei, ein Erneuerer der Plotin'schen Lehre geworden. Was Plotin Nus oder Vernunft nennt, das nennt Augustinus Wahrheit oder Wort Gottes. Wir haben oben (S. 20) gesehen, wie der letztere die Wahrheit voll und ganz mit der Vernunft identificierte; wie er ferner nicht genau unterschied zwischen der göttlichen

---

*) cf. Heinze, Der Logos, 293 ff.

Vernunft und der menschlichen; wie er endlich der menschlichen Seele Unsterblichkeit vindicierte, weil sie teilnehme an der Wahrheit oder an der Vernunft. Genau so wie nach Augustin die menschliche Seele zum Wissen gelangt, indem sie die Wahrheit im Innern schaut, so erkennt auch nach Plotin die Einzelseele durch Teilnahme an der Weltseele und diese durch Hervorgehen aus dem Nus, welcher alle Ideen in sich schließt.

Augustinus hat freilich keine Weltseele angenommen, aber er konnte die Wirksamkeit des Nus um so mehr betonen, weil ihm dieses zweite göttliche Wesen dem ersten nicht untergeordnet, sondern gleichgestellt war. Bei Plotin ist die Einheit das Höchste, die Vernunft das zweite oder Untergeordnete. Bei Augustinus ist der Vater zwar das erste, aber der Sohn oder die Wahrheit ist ihm gleich. Darum bedurfte es bei dem Kirchenvater nicht eines dritten Wesens, der Weltseele, um den Menschen zur Erkenntnis zu bringen. Außerdem war Augustinus weit von der Ansicht Plotins entfernt, nach welcher noch nicht einmal der Nus, geschweige denn die Einheit mit der sündhaften Materie in Berührung treten durfte.

Dagegen ist wieder eine auffallende Aehnlichkeit der beiden Philosophen darin gelegen, daß sie den Menschen erst nach sittlicher Läuterung zum Wissen gelangen lassen. Die Sünde verschließt dem Menschengeist die Erkenntnis der Wahrheit. Die Vernunft oder der Sohn Gottes verbreitet sein Licht nur in tugendhaften Menschen. Die Sinnenwelt muß überwunden werden, dann wird der Geist intelligibel d. h. fähig, in der göttlichen Vernunft die Ideenwelt zu schauen. Auf mehreren Stufen muß man zu diesem Ziele emporsteigen, dann gelangt man sowohl nach Plotin wie nach Augustin zur mystischen Vereinigung mit Gott. Nach letzterem tritt dieser Zustand in seiner Vollendung erst nach dem Tode ein. Nach ersterem kann man schon in diesem Leben die höchste Stufe erreichen.

Plotin besaß eine umfassende Kenntnis der früheren griechischen Philosophen und war selbst ein Denker von bedeutender spekulativer Kraft und Tiefe. Doch darf man annehmen, daß er nicht allein von der Weltweisheit des Altertums beeinflußt war, sondern auch von den Wahrheiten der christlich-jüdischen Offenbarung. Er will vermitteln zwischen den Gegensätzen eines Plato und Aristoteles, ist aber im Princip ein Anhänger Platos und hat dessen Lehre nach den Anschauungen der alexandrinischen Schule modificiert. Sein Lehrer war Ammonius Saltas, der in Alexandrien lebte und neben Clemens und Origenes daselbst als heidnischer Gelehrter seine Schule hatte. Während es 200 Jahre lang (seit Philo) den Anschein gewann, als wolle sich die platonische Gotteslehre ganz mit der geoffenbarten Religion verbinden, haben sich Ammonius und Plotin der Offenbarung vollständig fremd gegenüber gestellt und einige ihrer Schüler, besonders Porphyrius und Celsus traten dem Christentum sogar feindlich gegenüber. Augustinus ging als christlicher Philosoph wieder vollständig in den Bahnen Platos, nicht direkt aus diesem schöpfend, sondern beeinflußt von den Neuplatonikern Plotin, Porphyrius und Longinus.

Die Stoiker.

Es wäre von größtem Interesse, für unsern Gegenstand zu zeigen, wie im Verlaufe der griechischen Philosophie die größten Denker das menschliche Erkennen von Gott abhängig machten. Wir können hier nur auf diejenigen Systeme näher eingehen, welche die Lehre Augustins und Plotins vorbereitet haben. Es sei indessen darauf hingewiesen, daß schon Anaxagoras das göttliche Wesen in die innigste Verbindung mit dem menschlichen Geiste brachte, obwohl er sonst die Meinung vertrat, daß Gott der Welt vollständig transcendent sei. Nach ihm bekannte Sokrates das Wirken des göttlichen Geistes im Innern des Menschen, indem er sich von dem Dämonion geleitet sein läßt.

Plato, der Schüler des Sokrates, stellte die Lehre von der Allgemeingültigkeit der Ideen auf. Er geht soweit, diese Allgemeinbegriffe zu personificieren und den Ideen ein eigenes Sein außerhalb des Geistes zu geben. Der Mensch kommt zur Erkenntnis der Ideen nicht durch eigenes Thun und Wirken, sondern durch Anschauen. Auch Gott, die höchste aller Ideen, hat der Mensch vor diesem Leben geschaut. Gott ist also nach Plato das Princip unserer Erkenntnis.

Aristoteles wollte diese Ansicht nicht gelten lassen, sondern lehrte, der Menschengeist habe die Kraft in sich, aus der Sinnenwelt die allgemeinen Wahrheiten oder Ideen zu ermitteln. Doch nicht alle Allgemeinbegriffe kann der Mensch an der Hand der Erfahrung gewinnen. Vielmehr sind die obersten Principien der Erkenntnis dem Geist so von Gott mitgegeben, daß er sie beim Erwachen des Bewußtseins sogleich und mit Leichtigkeit findet. Also nicht alle Ideen haben nach Aristoteles in Gott ihren Grund, aber doch die allgemeinsten und wichtigsten. Der thätige Verstand ist auch bei ihm etwas Göttliches.

Der Stagirite hat viel geredet von den Zwecken, welche gewissermaßen als Triebfeder in der Welt sich befinden. Nicht Gott selber wirkt in der Welt, sondern die Zwecke wirken, indem sie zu Gott hinstreben, wie das Wasser zum Meere.

Die Lehre von der absoluten Transcendenz Gottes wollte in der Folgezeit nicht mehr gefallen, darum bildete man in der Stoa den Dualismus der sokratischen Schule um, und gestaltete einen Monismus aus, der dem Materialismus gleichkommt. Wir müssen diesen stoischen Monismus etwas näher behandeln, weil sich im Gegensatz zu ihm der Neuplatonismus ausgebildet hat.

Die Stoiker sagen: nicht außerhalb der Welt, sondern innerhalb derselben besteht ein denkendes, zwecksetzendes Wesen, welches Logos heißt. Nicht als ob Welt und Logos dasselbe wäre, vielmehr besteht jedes für sich, aber der denkende Logos ist nicht immateriell, sondern er ist der feinste Stoff in der Welt, entweder Feuer oder Hauch (spiritus, Πνεῦμα). Diesem wurde die Denkkraft zugeschrieben und von demselben die anderen körperlichen Dinge unterschieden, also wenigstens ein gradueller Dualismus constatiert. Der als Feuer oder Hauch gedachte Logos ist nach den Stoikern über das ganze Weltall verbreitet und gestaltet alle Dinge harmonisch, indem er nach Zwecken handelt. Wie die Sonne den Pflanzen Leben verleiht und die schlummernden Keime weckt, so bewirkt der Logos in der ganzen Welt Bewegung und zweckmäßiges Handeln. Er wird mit dem Samen der Pflanzen und Tiere verglichen, welche sich in der Natur entfalten und eine große Kraft besitzen. Der samenhafte Logos (Λόγος σπερματικός) beherrscht das ganze stoische System. Er verteilt sich in die Einzelwesen, so daß jedem von diesen ein eigener Logos zukommt.

Man erinnert sich bei diesen Ausführungen unwillkürlich an die Ideenlehre Platos und an die Entelechien des Aristoteles. Augustinus vertritt dieselben Anschauungen in seinen semina viva oder formae aeternae, die er der Natur von Gott eingeprägt sein läßt und auf welche er den concursus dei naturalis begründet*).

Von dem samenhaften Logos lassen die Stoiker auch einen Teil in den Menschen eingehen. Die Seele des Menschen ist ein Ableger von dem allgemeinen Logos (pars divini spiritus), er ist von demselben seinen Stoff wie das Pneuma des Logos. Der Traducianismus, nach welchem sich ein Menschengeist von dem andern abzweigt, ist eine den Stoikern specifisch eigene Lehre und hat sicher auf Augustinus eingewirkt, als er noch nicht zum christlichen Dogma des Creatianismus durchgedrungen war. Weil nach stoischer Anschauung der Menschengeist ein Teil des Weltgeistes oder des Logos ist, läßt es sich leicht begreifen, warum die Stoiker der Meinung waren, daß die Erkenntnis des Menschen von dem Logos abhängig sei. Sie kamen trotz ihrer materialistischen Anschauung zu der Einsicht, daß die menschliche Vernunft kein Wissen erwerben könnte, wenn sie nicht mit der Weltvernunft in Verbindung stünde.

Zwar glich nach ihnen, wie nach Aristoteles, die menschliche Seele einem unbeschriebenen Blatte und war, um ein Wissen zu sammeln, im Großen und Ganzen auf die Erfahrung angewiesen. Jedoch konnten auch die Stoiker das Vorhandensein von allgemeinen Wahrheiten und damit von wissenschaftlicher Erkenntnis nicht anders erklären, als Aristoteles dies gethan hatte. Sie nahmen mit ihm eine Seelenkraft an, aus welcher wie aus einem Keime die Allgemeinbegriffe entspringen, nicht ganz von selbst, aber doch bei geringer Veranlassung von seiten der Außenwelt. Die Stoiker sind eben-

*) Heinrich, Dogmatik, 1. B.

sowenig wie Aristoteles reine Sensualisten, sondern sie fühlen sich veranlaßt, zur Erklärung der allgemeinen Begriffe rationalistische Elemente aufzunehmen. Manche unter ihnen haben, ähnlich wie nachher Augustinus, erklärt: ohne Teilnahme an dem Weltlogos wäre es unmöglich, etwas wissenschaftlich zu erkennen.

Auch in diesem System findet sich der Satz: Gleiches kann nur durch Gleiches erkannt werden, oder mit Anwendung auf unsern Gegenstand: intelligible, allgemeine Wahrheiten sind nur dem Intellekte zugänglich und der Intellekt ist ein Teil der allgemeinen Vernunft. Man machte sodann im Stoicismus einen Unterschied zwischen dem inneren und äußeren Logos (λόγος ενδιάθετος und προφορικός). Als innerlich galt der Logos, so lange er für sich überlegte, was gut und zuträglich sei. Aeußerlich wurde er, wenn die zurechtgelegten Gedanken in Worte gefaßt und anderen Menschen mitgeteilt wurden. Nachdem diese Lehre vom inneren und äußeren Logos noch die alexandrinische Spekulation, von welcher nachher die Rede sein wird, durchgemacht hatte, konnten die Kirchenväter Gott den Vater als den inneren, Gott den Sohn aber als den äußeren Logos ansehen, insofern der Sohn allgemein als das Wort des Vaters bezeichnet wurde. Weil er zugleich die menschliche Natur angenommen hatte, konnte er um so mehr mit dem äußeren Logos der Stoiker zusammengestellt werden.

Dem hl. Augustinus war eine solche Idee höchst willkommen, denn er konnte sich zur Begründung seiner Anschauung von dem göttlichen, allgemeinen Lehrmeister auf die alte Weisheit der Stoiker berufen. Außerdem haben schon diese mit Vorliebe ihre Lehre durch folgenden Mythus veranschaulicht: Der Götterbote Hermes sei es besonders, dem Zeus, der allgemeine Weltgeist, Anteil an dem Logos gegeben habe. Dieser wurde auf die Erde gesandt, um die Menschen des Logos teilhaftig zu machen. Von ihm hat sich die menschliche Vernunft abgezweigt und so könne man sagen, der Logos ruhe unsichtbarer Weise in den Tiefen des menschlichen Geistes. Er vermittelt der Seele die Gedanken und umfaßt den inneren und den äußeren Logos*).

Unwillkürlich mußten die Kirchenväter diesen Mythus verwerten. Besonders Augustinus hat denselben in seinen Gedankengang verwoben. Er hat mit den Stoikern die ewige Vernunft als die Quelle des Logos und der Weisheit angesehen. Nach Augustinus ist wie nach den Stoikern die ganze Welt von der Weisheit des Logos erfüllt und der Menschengeist ist es vor allem, in welchem der Logos seinen Sitz aufgeschlagen hat. Beide, der Logos und die Seele, sind nicht dasselbe, aber sie stehen mit einander in sehr enger Verbindung.

Weder die Transscendenz Gottes nach Aristoteles, noch die Immanenz Gottes nach den Stoikern konnte für die Dauer befriedigen.

*) Heinze, l. c. S. 143.

Darum suchte man zwischen beiden Systemen zu vermitteln. Man wollte die Außerweltlichkeit Gottes festhalten, aber sein direktes Wirken in der Welt nicht preisgeben. Anstatt daß man Gott selber in der Welt thätig sein ließ, redete man von einer Kraft Gottes, welche in der Welt die Zwecke auszuwirken habe. Diese Kraft, welche ursprünglich nur eine Eigenschaft des göttlichen Wesens war, gewann mit der Zeit immer mehr Selbständigkeit. Zuletzt wirkte dieselbe neben und außer dem göttlichen Wesen als eigene Hypostase oder als eigene Person. Man hatte auf diese Weise ein Mittelwesen zwischen Gott und der Welt geschaffen. Der Logos, welcher früher identisch mit Gott war, tritt jetzt als eigenes Wesen neben Gott.

Die Vertreter dieser philosophischen Richtung lebten zum größten Teil in Alexandrien und waren teils Heiden, teils Juden. Es konnte nicht ausbleiben, daß die heidnischen Philosophen beeinflußt wurden von den alexandrinischen Juden und ebenso umgekehrt, es mußten sich die Anschauungen der jüdischen Gottesgelehrten auf die griechischen Weisen übertragen. Diese gegenseitige Abhängigkeit zeigt sich besonders in der Ausbildung der Lehre von Mittelwesen zwischen Gott und der Welt.

Wohl hatte schon Plato mit seiner Ideenlehre ähnliche Gedanken vertreten. Indessen wollte dieser Philosoph durch seine Ideen nicht das Wirken Gottes in der Welt erklären, sondern nur unsere Erkenntnis der Allgemeinbegriffe. Die Körperwelt mit ihren Formen und Zwecken hatte im platonischen System nicht viel zu bedeuten. Trotzdem mögen die alexandrinischen Gelehrten zum Teil von Plato angeregt worden sein, die Lehre von den Mittelwesen auszubilden. Von größerer Bedeutung für die Logoslehre waren die Bücher des Alten Testamentes. Das Buch der Weisheit kann hier noch nicht in Betracht kommen, weil dasselbe nicht vorarbeitend, sondern zusammenfassend gewirkt hat. Dagegen finden sich in den älteren Büchern der Offenbarung viele Andeutungen, wonach eine Mehrheit von Wesen bei der Erschaffung und Erhaltung der Welt thätig war.

Wir erinnern an die Worte in der Genesis: „Lasset uns den Menschen machen", oder „Der Geist Gottes schwebte über dem Abgrund." Sodann nennen wir den bekannten Vers aus den Psalmen: „Es sprach der Herr zu meinem Herrn: Sohn setze dich zu meiner Rechten." Auch bei dem Siraciden ist die Pluralität der Personen in Gott schon sehr deutlich ausgesprochen. Als nun auch die philosophische Entwicklung auf Mittelwesen hindrängte, konnten die jüdischen Gelehrten in Alexandrien die Auctorität ihrer hl. Bücher anrufen und mit den Philosophen die Logoslehre wissenschaftlich begründen helfen. Der strenge Monotheismus des Alten Testamentes bildet sich zu dem Glauben an eine zweite göttliche Person um, ein Bestreben, das sich in der Uebersetzung der hl. Schrift durch die Siebzigmänner deutlich offenbarte.

Als dann der Kanon des Alten Testamentes in dem Buche der

Weisheit und in den Büchern der Makkabäer seinen Abschluß fand, konnte sich die Offenbarung an die philosophische Richtung der Zeit anlehnen. Darum tritt uns in den genannten Schriften die Logos= lehre sehr deutlich entgegen. Vorher hatten die Philosophie und die Offenbarung ihre Entwicklung unabhängig von einander gemacht, aber jetzt treffen sie in merkwürdiger Harmonie zusammen. Man kann sagen, die Logoslehre war geoffenbart, bevor sie in der Philosophie zur Geltung kam, nachdem aber diese auf dasselbe Ziel hinstrebte, bequemte sich die Offenbarung zur Verdeutlichung ihrer Lehre der ersteren an. In der Theologie und in der Philosophie war man schrittweise zu demselben Resultat gelangt. Im Buch der Weisheit und dann besonders im Prolog des Johannesevangeliums war die Versöhnung autoritativ gegeben. Wir geben zu, daß die jüdischen Philosophen den Logosbegriff der Offenbarung nicht ganz erfaßt haben, weil sie den Grund zum Subordinatianismus legten, aber dies kommt auf erkenntnistheoretischem Gebiete nicht in Betracht. Der Einfluß des Logos auf das menschliche Wissen bleibt trotzdem bestehen.

P h i l o *).

Als den Hauptvertreter der alexandrinischen Philosophie nennen wir den Juden Philo. Dieser ließ seine Spekulation in gleicher Weise von der Offenbarung und der griechischen Philosophie abhängig sein. Er war ganz von der Anschauung durchdrungen, daß Gott der Welt transcendent und unabhängig gegenüber stehe, wie dies schon Aristoteles gelehrt hatte. Ebenso sehr wollte er aber auch die Wirksamkeit Gottes in der Welt aufrecht erhalten, wie dies die Stoiker thaten. Darum ließ er im Anschluß an die Offenbarung eine Kraft von Gott ausgehen, welche in der Welt zweckmäßig thätig sei. Diese Kraft nannte er Logos und meinte so die Unveränderlichkeit und Heiligkeit Gottes festhalten zu können. Man glaubte nämlich zur Zeit Philos, die Unveränderlichkeit Gottes gehe verloren, wenn man ihn unmittelbar in der Welt wirken lasse, und ebenso könne der unendlich heilige Gott nicht mit der unheiligen Welt in Ver= bindung treten. Indem man nun zwischen Gott und die Welt den Logos stellte und diesen der Gottheit unterordnete, meinte man die genannten Schwierigkeiten beseitigt zu haben. Unvollkommenheiten, die mit dem Wesen Gottes unvereinbar waren, legte man ohne Be= denken dem Logos bei.

Zwar nennt Philo den Logos auch Gott und teilt ihm gött= liche Eigenschaften zu, im allgemeinen aber ist er Subordinatianer. Der Logos wird von Philo mit einem Buch verglichen, in welchem die Ideen enthalten sind. Manchmal werden die einzelnen Ideen in platonischer Weise personificiert, doch ist der Logos die höchste Idee und faßt die anderen als die niederen Logoi zusammen.

---

*) cf. Heinze l. c. 5. Kap. und Ueberweg l. c. § 63.

Er ist die göttliche Kraft der Ueberlegung und Berechnung oder die Vernunft Gottes. Er ist Fähigkeit zu denken und zugleich Gedanke, also eine göttliche Eigenschaft und ein persönliches, objektiviertes Wesen. Er ist das intelligible Urbild der Welt und gleicht einem Siegel, nach welchem die körperlichen Dinge gebildet sind. Der Logos ist die höchste Idee im kosmologischen Sinne und zugleich für den Geist des Menschen, er ist weltbildendes und erkenntniszweckendes Princip. So hat ja auch Augustinus den Sohn Gottes causa rerum creatarum et lumen intelligibilium genannt. Die ganze Welt ist bei Philo wie bei Heraklit und den Stoikern die Entfaltung der Vernunft oder des Logos; alles läßt sich aus ihm herleiten. Darum ist auch die menschliche Seele mit Vernunft begabt.

Sehr häufig nennt Philo den Logos das Wort Gottes ($\acute{\rho}\tilde{\eta}\mu\alpha\ \vartheta\epsilon\circ\tilde{\upsilon}$, verbum Dei) und wie in den Schriften des neuen Testamentes findet sich für den Sohn Gottes der Ausdruck $\dot{\alpha}\lambda\acute{\eta}\vartheta\epsilon\iota\alpha$ — veritas. Wohl zu beachten ist es, daß Philo, wie später Augustinus, seinen Logos mit einem Lichte vergleicht, das den Menschengeist erleuchtet und alle Erkenntnis vermittelt.

Wie einstens die Stoiker ihren Logos mit den Gesetzen, die in der Welt herrschen, identificierten, so nennt Philo das Wort Gottes ein unzerreißbares Band, das alle Dinge zusammenhält oder den festen Kern der irdischen Elemente. Die Ausdrücke: Weltvernunft, Logos, Wort Gottes, Wahrheit und Gesetz werden unterschiedslos mit einander vertauscht, wie wir dies bei Augustinus gefunden haben. Sogar die Sapientia oder Virtus Dei, von denen Augustinus so viel redet, schweben dem Geiste Philos als personificierte Wesen vor.

So erklärt sich, daß die menschliche Seele in vollständiger Abhängigkeit vom Logos gedacht wird. Sie kann nicht thätig sein, nicht erkennen ohne den allwaltenden Gottes-Sohn. Sie erhält all ihre Erkenntnis von der göttlichen Weisheit und steht in beständiger Verbindung mit der ewigen Wahrheit. Durch diese Anteilnahme am Logos erhält die Seele Unsterblichkeit.

Als Abbild und Ausfluß Gottes ist der Menschengeist verpflichtet, nach der höchsten Stufe der Sittlichkeit zu streben und das Ebenbild Gottes in sich auszuwirken. „In dieser Sittlichkeit wird sie ihre Triebe nach Glückseligkeit entsprechend befriedigen können." Doch bedarf der Mensch der göttlichen Gnade, um nach Sittlichkeit streben zu können. In dreifacher Weise wird die göttliche Gnade den Menschen mitgeteilt. Vor allem legt Gott den Trieb nach Glückseligkeit in die Seele; dies ist eine große Gnade, denn ohne den von Gott erhaltenen Antrieb würde der Mensch nicht nach Tugend streben. Sodann ist der Logos als göttliche Wahrheit und Wort Gottes eine Speise der Seele und dem Manna zu vergleichen, das die Väter in der Wüste gegessen haben. Endlich öffnet der Logos das Auge der Seele, so daß die göttliche Weisheit, die sich in der Welt offenbart, in den menschlichen Geist eindringen kann. Die ewige Weisheit erzeugt im Menschen die Erkenntnis und das Wissen. Weil in dem Logos alle Zweige der Wissenschaften ruhen, darum ist er die unversiegbare Quelle, aus welcher das erfrischende Wasser der Erkenntnis und Wissenschaft fließt. Alle göttlichen und alle menschlichen, alle ewigen und alle vergänglichen Dinge werden dem Menschen durch den Logos bekannt gegeben.

Der Menschengeist sollte sich dieser geheimnisvollen Weisheit immer mehr teilhaftig machen und sollte allmählich die Intelligenz ganz sein Eigen nennen. Aus dieser, gewissermaßen überfließenden Intelligenz, die ihren Ursprung nur im Logos haben kann, werden die Tugenden von selbst hervorgehen und der Mensch wird aus der innigen Verbindung mit der Weisheit seinen vollen sittlichen Wert herleiten. Wenn das Handeln nicht aus der Weisheit oder aus den intelligiblen Begriffen, aus dem Logos hervorgeht, dann entbehrt es des rechten Adels und ist ziemlich wertlos.

Die überraschende Aehnlichkeit der Ausführungen Philos mit den Gedanken, die uns Augustinus vorträgt, springt in die Augen. Für beide wachsen die intelligiblen Begriffe und die Tugenden aus der ewigen Wahrheit wie aus einer Wurzel hervor. Bei Philo wie bei Augustinus ist der Logos die objektive, substantielle Wahrheit und die objektive, substantielle Tugend. Je mehr der Mensch in der Sittlichkeit Fortschritte gemacht hat, desto mehr wird er Anteil an der Weisheit haben. Als weisheitsvoll (λογικοί) werden die Tugendhaften angesehen, die zufolge ihrer Weisheit und Tugend auch glücklich sind.

Diejenigen, welche die Weisheit nicht besitzen (ἄλογοι), gelten als unsittlich und unglücklich. So lange die Seele nicht von sittlichen Gebrechen geläutert ist, kann der Logos nicht bei ihr einkehren und infolgedessen kann sie nicht mit Sicherheit über das Gute und Böse urteilen, sie ist in allen Dingen, besonders aber in der Wertschätzung von Gut und Bös dem Irrtum unterworfen. Die ewige Wahrheit ist das Licht für den Verstand und das Gewissen für den Willen. Sie ist auch der Arzt, welcher die Wunden der Seele zu heilen vermag. Wer zur vollen Genesung, zur wahren Tugend und Wahrheit gelangen will, muß nach Philo wie nach Augustinus die Welt und das Irdische fliehen, er muß sich losreißen von allem Sinnlichen, die Einsamkeit aufsuchen und dort Ascese üben und volle Entsagung auf sich nehmen. Die Sinnenwelt muß verlassen und überschritten werden, um zum Wissen des Intelligiblen zu gelangen. Hier beschäftigt sich der Geist anfangs mit Ueberlegen und Schließen, d. h. er gelangt von einer Wahrheit zur andern. Aber dieses diskursive Denken ist noch nicht die Vollendung der Erkenntnis. Das höchste Ziel des Menschen besteht nicht im Erkennen der einzelnen Wahrheiten, sondern in dem unmittelbaren Erfassen der ewigen Wahrheit selbst, in dem Wohnen bei dem Urlichte, das alle Wahrheit ausstrahlt. In der Vereinigung mit Gott wird der Menschengeist zur Ruhe kommen. Da verschwinden die unruhigen Bilder der Sinnenwelt. Das menschliche Bewußtsein geht vollständig auf in dem Erkennen des Logos, jede Denkthätigkeit hört auf, ein passiver Zustand der Ruhe und des Genusses tritt ein, der Mensch ist der Welt abgestorben, er ist in Ekstase*).

In dem Verlangen nach der seligen Vereinigung mit Gott standen sich Philo und Augustinus gleich, doch wußte der letztere, daß die Ekstase etwas Wunderbares oder Uebernatürliches sei, während ersterer die mystische Vereinigung mit dem Logos als etwas natürliches ansah. Aber trotz dieses Unterschieds waren doch beide der festen Meinung, daß ohne göttliche Erleuchtung und Gnade eine Erkenntnis des Wahren für den Menschengeist unmöglich sei. Der Logos ist der einzige Lehrer der Menschen.

Philo hat also das von der Philosophie und Theologie gesuchte Mittelwesen gefunden und glaubte sich in Uebereinstimmung mit beiden zu befinden. Sein Einfluß auf die spätere Zeit, besonders auf die Verfasser der hl. Schriften des Neuen Testamentes und auf die alexandrinischen Gelehrtenschulen war sehr bedeutend. Auch Augustinus war von ihm, wenn auch nur indirekt, beeinflußt. Inwiefern wirkte die Lehre Philos auf die Verfasser des Neuen Testamentes?

Wir haben gesehen, daß Philo den Logos als Wahrheit, Weisheit und Kraft Gottes bezeichnet, ferner als das Licht, die Speise und Labung der Seele. Diese Ausdrücke finden sich bei den hl. Schriftstellern des Neuen Testamentes, besonders bei dem Evangelisten Johannes wieder. „Ich bin der Weg, die Wahrheit und das Leben", so heißt es. „Ich bin das Licht der Welt". „Er ist das Licht, das jeden Menschen erleuchtet, der in die Welt kommt". „Ich bin das lebendige Brot, das vom Himmel herabgestiegen ist". „Wer von dem Wasser trinkt, das ich ihm geben werde, den wird nicht mehr dürsten in Ewigkeit".

Es läßt sich zwar nicht nachweisen, wie der hl. Johannes mit den Alexandrinern in Verbindung stand, aber die Aehnlichkeit seiner Ausdrücke mit den philonischen springt so sehr in die Augen, daß man einen Zusammenhang der beiden Männer nicht in Abrede stellen kann. Ohne Zweifel hat Johannes den Ausdruck Logos bei den Alexandrinern entlehnt, denn aus dem Munde Jesu Christi hat er denselben sicher nicht vernommen. Daß er diese Bezeichnung von dem philosophischen auf das theologische Gebiet herübernahm, hat die Erklärung des christlichen Dogmas wesentlich befördert und die Kirchenväter fanden sowohl für sich selber als für ihre Schüler eine Brücke, um von dem Heidentum zum Christentum überzugehen, ohne ihrer bisherigen philosophischen Anschauung gänzlich entsagen zu müssen.

Nachdem wir das System Plotins, der Stoiker und Philos behandelt und gezeigt haben, wie die Lehre vom Nus oder vom

---

*) Heinze, l. c. Seite 296.

Logos mit Notwendigkeit zu der Anschauung führen mußte, daß das menschliche Wissen und Erkennen nur durch den Zusammenhang mit dem göttlichen Geiste erklärt werden könne, müssen wir zum Schlusse noch auf den Zusammenhang Plotins mit Philo und der Theologie hinweisen, um die Kette zu schließen, durch welche Augustinus mit der alten Philosophie in Berührung steht. In Alexandrien lebte ein Gelehrter namens Numenius, bei welchem Plotin lernte. Die Schriften des Numenius gingen zwar verloren, aber man vermutet, daß Plotin eigentlich nur die Weisheit seines Lehrers wiedergegeben habe. Dieser war mit der Offenbarungslehre sehr vertraut und befreundet, denn er nennt Plato einen attisch redenden Moses und behauptet, die Griechen hätten ihre Weisheit aus dem Morgenlande empfangen. Ferner legt er dem Weltbildner zum erstenmal den Titel Gott und oberster Herr bei. Demnach ist zu schließen, daß sowohl Numenius wie sein Schüler Plotin durch die Offenbarung beeinflußt waren. Zu dieser Annahme ist man umsomehr berechtigt, weil ein zweiter Vorgänger Plotins, Amonius Saktas, anfangs sogar Christ gewesen ist. Wenn er auch später zum Heidentum zurückkehrte, so wird er doch bei der Ausbildung seiner Lehre vom Nus manches vom Christentum entlehnt und seinen Anhängern übergeben haben.

Nunmehr können wir sagen: Augustinus entnimmt seine Behauptung, daß Christus unser einziger Lehrer sei, dem Neuplatoniker Plotin. Dieser war gebildet in der Schule des Amonius und Numenius, welche beide in den Anschauungen der christlich-jüdischen Gelehrten Alexandriens herangebildet waren. Die alexandrinische Philosophie ist ein Produkt teils der Offenbarung, teils der stoischen Lehre. Philo und der Evangelist Johannes berühren sich, so daß in diesen beiden Männern Philosophie und Theologie einen Bund schließen. Alles dieses kam dem hl. Augustinus zustatten, man könnte sagen, er steht auf den Schultern aller dieser Männer, sie ergänzend, vertiefend und zusammenfassend. Weil die Vorgänger desselben der Ueberzeugung waren, daß der Weltlogos den Menschengeist intelligibel mache, darum schrieb er die Schrift de magistro und versuchte den theologischen Satz von dem einzigen Lehrer auf das philosophische Gebiet zu übertragen.

Die Philosophie des Mittelalters ist mehr von Aristoteles als von Plato und Augustinus abhängig; dennoch will Thomas von Aquin, der Hauptvertreter der mittelalterlichen Spekulation, nicht auf die Auctorität Augustins verzichten. Deshalb beschäftigt er sich ebenfalls mit der Frage, ob Christus der einzige Lehrer der Menschen sei. Auf theologischem Gebiete, in den übernatürlichen Wahrheiten des Glaubens, giebt er dies zu; in der Philosophie ist dem Aquinaten Christus unser einziger Lehrer nur deshalb, weil er uns das Licht der Vernunft und die ersten Principien der Erkenntnis gegeben hat. Thomas vertritt also wie Aristoteles einen verfeinerten Idealismus und kann das menschliche Wissen eben so wenig ohne göttliche Mitwirkung erklären wie Augustinus.

Von neuern Philosophen, die von Augustinus beeinflußt sind, nennen wir noch die Namen Deskartes, Malebranche und Leibniz und machen darauf aufmerksam, daß diese drei Philosophen der Neuzeit das menschliche Erkennen dem göttlichen Geist viel näher bringen, als dies je vor ihnen geschehen ist. Da in unseren Tagen die Anhänger Deskartes und Leibniz nicht ausgestorben sind, werden wir auch jetzt noch Vertreter der alten Meinung finden, daß der Geist Gottes die Ursache der menschlichen Erkenntnis sei. In Sigwarts Logik ist zu lesen: „Auf den absoluten Grund des Weltverlaufes weisen die letzten Consequenzen der methodischen Voraussetzungen (oder der Logik) hin". Ohne Gott läßt sich weder die Welt noch das Erkennen der Welt begreifen.